Wolfgang Hinz • Michael Kirchhoff

Egozentriker gekonnt abholen

Ein Ratgeber für Alltag und Beruf

Kreutzfeldt digital

Besuchen Sie uns im Internet:
www.kreutzfeldt-digital.de

ISBN 978-3-86623-572-4

Foto Wolfgang Hinz: Petra Hinz
Foto Michael Kirchhoff: Regine Christiansen

Printed in Germany

Inhaltsverzeichnis

Teil A

Teil B

Anhang

Teil A

Kapitel 1: Zum Start

Egozentriker sind ganz normale Menschen. Sie sind leicht zu verführen und leicht zu manipulieren. Wer ihr Verhalten und ihre Interessen kennt, kann bei ihnen die Knöpfe wie auf einer Schalttafel drücken. Sie reagieren tadellos.

Das Wissen hierüber ist unserer Erfahrung nach sehr hilfreich, um Konflikte konstruktiv zu lösen und so zu einem friedlicheren und verständnisvolleren Miteinander beizutragen. Natürlich entscheidet jeder für sich selbst, zu welchem Zweck er dieses Wissen einsetzt. Dient es dem Eigennutz? Oder wird es dazu verwendet, die gemeinsamen Interessen zu bedienen und an einvernehmlichen Konfliktlösungen zu arbeiten? Wir empfehlen Letzteres! Mit dem hier vorgestellten Wissen können Sie sich gleichwohl auch gegen Ausnutzungsversuche durch Egozentriker schützen. Gerade das ist besonders wertvoll.

Welchen Nutzen haben Sie, wenn Sie dieses Buch lesen und die beschriebene Methode anwenden? Mit dem hier vermittelten Wissen kommen Sie besser mit Ihren Familienmitgliedern, Freunden, Mitarbeitern, Kollegen und sogar mit Ihrem Chef zurecht. Sie können Ihre Ideen, Vorstellungen und Projekte signifikant häufiger realisieren als ohne dieses Wissen. Sie erzielen weit bessere Ergebnisse als derjenige, welcher sich nur über das Verhalten von Egozentrikern beklagt.

Doch was genau zeichnet Egozentriker überhaupt aus? Schauen wir uns zu Beginn einige Beispiele an ...

Sachlich und vernünftig

Sven hat schon einige Sprossen auf der Karriereleiter erklommen. Mit Menschen kommt er gut zurecht und als Chef wird er anerkannt. Davon ist er überzeugt.

Seine Frau ist Künstlerin. Sie malt und kümmert sich um ihre Selbstverwirklichung. In ihren farbenfrohen Kleidern sieht sie wirklich gut aus. Sven stört allerdings sehr, dass sie ständig an ihm herumnörgelt. Nie kann er es ihr rechtmachen. Besonders schlimm ist für ihn, dass ihr Nörgeln nicht auf den Privatbereich beschränkt ist, sondern sich auch in der Öffentlichkeit fortsetzt. Von seinen Bekannten ist er schon mehrfach auf dieses ungebührliche Verhalten seiner Frau angesprochen worden. Er beschließt, vernünftig und sachlich mit ihr über das Problem zu reden. Das Gespräch entwickelt sich sehr emotional und die Wogen schlagen hoch. Nach dem Gespräch verlässt seine Frau die Wohnung und reicht später auch die Scheidung ein. Mit so einem Langweiler will sie nichts mehr zu tun haben.

Sven hat einen Freund, den er schon aus Schultagen kennt. Der ist ein richtiger Angeber. Er erzählt immer, was für ein toller Kerl er ist. Welche Gegner er im Sport geschlagen hat. Welche beruflichen Erfolge er gefeiert hat. Wie wichtig er ist. Welche bekannten Persönlichkeiten er kennt. Das wird für Sven zunehmend lästig. Er beschließt, vernünftig und sachlich mit seinem Freund zu reden. Nach dem Gespräch ist die Freundschaft beendet. Sven kann nur froh sein, dass sein Ex-Freund sich nicht auch noch an ihm rächen will.

Ein Kollege von Sven ist ein richtiger Rechthaber und Besserwisser. Er weiß, wie alles sein muss. Gerade in Meetings ist er besonders unerträglich. Er muss immer das letzte Wort haben, immer Recht behalten. Das kostet auch enorm viel Zeit. Sven beschließt, mit seinem Kollegen ein vernünftiges und sachliches Gespräch über dessen Rechthaberei zu führen und das Problem aus der Welt zu schaffen. Das Gespräch führt zu keinem Ergebnis. Aber nach dem Gespräch behandelt sein Kollege Sven immer mit ganz harten Bandagen nach dem Motto „Ich mache keine Fehler, du machst die Fehler." Das macht er immer, wenn sich eine Gelegenheit dazu ergibt. Das Klima unter den Kollegen wird dadurch enorm vergiftet.

Eine Welt voller Egozentriker

Endlich dämmert es Sven. Seine Welt ist gar nicht so logisch und rational, wie er immer gedacht hat. Seine Welt wird überwiegend von Egozentrikern nach deren jeweils eigenen Interessen geprägt und gestaltet, nicht von Sachlichkeit und Vernunft. Seine Probleme waren keine Probleme, sondern handfeste Konflikte, welche mit seinen Problemlösungsmethoden unlösbar waren. Hätte er das alles nur schon viel früher erkannt.

Hier schreibe ich Ihnen meine Kommentare. Ich gebe Ihnen dabei Tipps und Hinweise und teile mit Ihnen meine Gedanken, die ich beim Lernen für nützlich halte. So wird es leichter, alles in den Alltag zu integrieren. Ich bin diesen Weg schließlich genauso gegangen wie Sie jetzt.

Michael Kirchhoff

Michaels Kommentar:

Die Menschen handeln also selten logisch – das habe ich mir fast schon gedacht. Viele sind Egozentriker. Für mich heißt das, dass sie in ihrer eigenen Sicht gefangen sind und nicht die Sichtweise eines Anderen einnehmen können. Es ist keine leichte Aufgabe, darauf angemessen zu reagieren. Eine Methode, die es mir ermöglicht, mit diesen Menschen umzugehen, würde mein Leben enorm erleichtern. Also auf ins Abenteuer.

Kapitel 2: Der Umgang mit Egozentrikern

Egozentriker prägen und gestalten unsere Welt maßgeblich – sowohl im gesellschaftlichen als auch im beruflichen Umfeld. Nach dem uns vorliegenden Zahlenmaterial zu diesem Themenbereich schätzen wir, dass rund 50 Prozent der Bevölkerung hierzulande und rund 70 Prozent der Berufstätigen zu der Gruppe der Egozentriker gehören.

Wir definieren Egozentriker als Menschen, die sich selbst im Mittelpunkt sehen und andere Menschen beständig an sich selbst und ihrer eigenen Perspektive messen. Egozentriker sind sich zumeist ihrer Egozentrik nicht bewusst. Würde man sie darauf ansprechen, würden sie das auch vehement abstreiten. „Ich doch nicht", würden sie sagen. „Die anderen ja: da gibt es sehr viele Egozentriker".

Vier Jahrhunderte nach Galileo hat sich das GEOzentrische Weltbild durch einen einfachen Buchstabentausch wieder fest in den Köpfen der Menschen manifestiert: der EGOzentriker als Mittelpunkt des Universums. Jeder Sonnenaufgang und jeder Sonnenuntergang bestätigen ihn in seinem Weltbild: Die Sonne dreht sich um sein EGO. Dennoch: Es ist nachweislich falsch, eine mentale Täuschung.

Egozentrische Persönlichkeiten bilden die Mehrheit in unserer Gesellschaft. Daher ist es wichtig, sich darüber Gedanken zu machen, wie man am besten mit ihnen umgeht. Egozentriker sind ganz normal, nicht gestört. Aber entwickelt sind sie auch nicht, wie uns die folgende Grafik der Entwicklungsstufen im menschlichen Verhalten anschaulich zeigt. Die Begriffe ‚normal' und ‚egozentrisch' verwenden wir in unserem Zusammenhang synonym. ‚Entwickelt' nennen wir eine Person, die ihr Gleichgewicht aus Denken, Fühlen und Handeln gefunden hat.

gestört	egozentrisch	entwickelt

Drei Alternativen

Es gibt drei Alternativen für den Umgang mit Egozentrikern. Man kann:

1. versuchen, sie zu ändern,
2. den innere Rückzug in eine Phantasiewelt antreten,
3. lernen, möglichst gut mit ihnen zurechtzukommen.

Die erste Alternative besteht also darin, dass Persönlichkeiten versuchen, einen Egozentriker zu ändern. Die Idee, ihn so zu beeinflussen, dass er sein Verhalten ändert, ist verlockend, aber meist unrealistisch. Der Versuch scheitert in vielen Beziehungen. Viele Menschen geben sich der Illusion hin, sie könnten ihren Partner „zurechtbiegen". Egozentriker ändern aber nur selten ihr Verhalten.

Diese Alternative scheitert daher in den allermeisten Fällen und der Versuch hinterlässt Frustration und Konflikte.

Die beliebte zweite Alternative besteht darin, sich in eine illusionäre Phantasiewelt zu flüchten, in der Egozentriker nicht vorkommen. Die Persönlichkeit zieht sich dabei aus der egozentrisch geprägten Welt in ihr Inneres zurück. Sie igelt sich in ihrer Innenwelt ein und blendet die Egozentriker einfach aus. Allerdings nimmt die Persönlichkeit damit auch in Kauf, dass sie bei der Berührung mit der realen Welt immer frustriert sein wird. Beispielsweise bietet die Esoterik derartige Phantasiewelten an. Aber auch nach der Erleuchtung muss man Holz hacken und Wasser kochen, sprich: im Alltag mit Egozentrikern leben. Wobei wir damit auch bei der folgenden dritten Alternative angekommen sind.

Wer die dritte Alternative wählt, akzeptiert die Situation so wie sie ist. Er versucht zu lernen, möglichst gut mit Egozentrikern auszukommen. Dafür muss er die verschiedenen Typen von Egozentrikern kennen – z. B. den Perfektionisten, den Selbstdarsteller oder den Machtmenschen.

Die Interessen erkennen und verstehen

Jeder Mensch hat seine eigene individuelle Interessenstruktur. Wenn wir lernen, diese Interessen bei jemandem zu erkennen und zu durchschauen, können wir besser mit ihm umgehen. Wir können den Versuch starten, seine und unsere Interessen abzugleichen und Übereinstimmungen zu finden. Mit etwas Übung ist das gar nicht so schwierig.

Es erfordert allerdings auch ein Umdenken bei uns. Wir müssen uns bemühen, auf den Egozentriker zuzugehen. Dieses Vorgehen lohnt sich ganz besonders in konfliktträchtigen Situationen, die sonst in endlosen Streitereien enden.

Diese dritte Alternative, sich mit den eigenen Interessen und jenen unserer egozentrischen Mitmenschen auseinanderzusetzen, erzielt die besten Erfolge. In Konfliktsituationen findet man unter Einbeziehung der unterschiedlichen Interessen Lösungen. Man könnte auch sagen: Akzeptiere die Menschen so, wie sie sind, und mache das Beste aus deinen eigenen Lebenssituationen. Das ist nicht neu, aber außerordentlich wirkungsvoll. Das werden wir im weiteren Verlauf noch sehen.

Michaels Kommentar:

Das ist doch mal ein Plan! Meistens streiten wir uns über unsere Positionen. Was wäre, wenn wir uns über unsere echten Bedürfnisse, die hinter unseren Positionen stecken, austauschen und auf dieser Grundlage einigen könnten? Genau das passiert, wenn professionelle Verhandler versuchen, Konflikte zu lösen. Und genau das können wir ab jetzt auch selbst.

Kapitel 3: Das Fremdbild im Johari-Fenster

Anhand des ursprünglich von Joseph Luft und Harry Ingham entwickelten sogenannten Johari-Fensters lässt sich zeigen, dass es Unterschiede in der Fremd- und Selbstwahrnehmung von Persönlichkeiten gibt (siehe Abb. 1).

	Dir bekannt	Dir nicht bekannt
Mir bekannt	**Öffentliche Person**	**Blinder Fleck**
Mir nicht bekannt	**Dein Geheimnis**	**Unbekannt**

Abb. 1: Das Johari-Fenster

Hier wollen wir das Johari-Fenster als Analyse-Modell im Sinne der Fremdwahrnehmung anwenden. Es geht also um die andere Person, nicht um uns selbst. Wir sehen von ihr die öffentliche Person und den blinden Fleck, aber nicht ihr Geheimnis und ihren unbekannten Bereich.

	Dir bekannt	Dir nicht bekannt
Mir bekannt	Per	lich
Mir nicht bekannt	**Dein Geheimnis**	**Unbekannt**

Abb. 2: Mein Fremdbild von einer anderen Person („Du")

Ich sehe von der anderen Person die beiden Bereiche ‚Öffentliche Person' und ‚Blinder Fleck'. Die beiden Bereiche sind hier in einem Beispiel abstrakt als ‚Per' und ‚lich' dargestellt. Verborgen sind mir ‚Dein Geheimnis' und ‚Unbekannt'. Über den blinden Fleck könnte ich der Person Feedback geben, wenn sie es will. Aber nicht jeder verträgt diesen Blick in den Spiegel. Ihr Geheimnis ist nur ihr bekannt, und der vierte Bereich ist uns beiden unbekannt (siehe Abb. 2).

Das Persönlichkeitsmodell des Enneagramms hat für neun Persönlichkeitstypen das vollständige Johari-Fenster dargestellt. Wer dieses Modell kennt, kann wie bei einem Puzzle die beiden fehlenden Bereiche der anderen Person ergänzen (siehe Abb. 3). Vollständig ergibt unser Beispiel nach der Ergänzung das Wort ‚Persönlichkeit'.

	Dir bekannt	Dir nicht bekannt
Mir bekannt	Per	lich
Mir nicht bekannt	sön	keit

Abb. 3: Ergänzung durch den Persönlichkeitstyp

Besonders interessant wird dieses Vorgehen für uns dadurch, dass wir damit auch eine gute Vorstellung über die Interessenstruktur der anderen Person gewinnen. Die Kenntnis dieser Interessenstruktur ermöglicht es uns beispielsweise, interessengerechte Lösungen in Konfliktsituationen zu erreichen. Gerade im Umgang mit Egozentrikern ist das eine wesentliche Grundlage, um Konflikte lösen zu können.

Soweit das Prinzip des Vorgehens. Im weiteren Verlauf werden wir noch Instrumente vorstellen, welche dieses Prinzip mit Leben ausfüllen.

Manchmal braucht es nur wenige Informationen, um den Persönlichkeitstyp und die dazugehörige Interessenstruktur herauszufinden. Schauen wir uns dazu ein Beispiel an.

Peter ist Rennfahrer und überaus selbstbewusst. Hin und wieder brennen ihm aber die Sicherungen durch. Nach einer Kollision mit einem Wettbewerber wird er disqualifiziert, gibt aber dem anderen die Schuld an dem Unfall. Es folgen Scharmützel und Handgreiflichkeiten mit anderen Fahrern und bei einem späteren Rennen auch ein weiterer, schwerer Unfall. Ein Fahrerkollege sagt in einem Interview über ihn: „Ich kann mich an keine Situation erinnern, in der Peter jemals zugegeben hätte, etwas falsch gemacht zu haben, selbst wenn er von den Rennkommissaren bestraft wurde. Ich warte noch darauf, dass er sich einmal für etwas entschuldigt, was als unsportlich eingestuft wurde."

Natürlich kann der Fahrerkollege darauf unendlich lange warten. Peter verhält sich wie ein Perfektionist und Perfektionisten entschuldigen sich nie. Wofür auch? Sie machen keine Fehler. Damit liegt uns auch ein wertvoller Hinweis auf die Interessenstruktur von Peter vor.

Aus einer Biografie entnehmen wir die Geschichte von Veronica.

Veronica Madonna Louise Ciccone wird 1958 als Tochter italienischer Einwanderer geboren. Sie wächst in einer streng katholischen italo-amerikanischen Familie als eines von sechs Kindern unter bescheidenen Verhältnissen auf. Als sie sechs Jahre alt ist, stirbt ihre Mutter und der Vater erzieht seine Kinder mit harter Hand, weswegen sie später zu ihrer Großmutter nach Detroit zieht.

Schon als Kind zeigt Veronica großen Ehrgeiz. Sie lernt Klavier spielen und nimmt Ballettunterricht. Sie spielt während der Highschool in mehreren Theaterstücken die Hauptrolle. Nach Abschluss der Schule lernt sie Jazzdance und Modern Dance an der University of Michigan und zieht nach Erreichen des siebzehnten Lebensjahres 1977 nach New York. Aber das Leben wird für sie nicht leichter: Sie muss sich ihren Lebensunterhalt als Model und Donut-Verkäuferin verdienen.

1979 spielt sie erstmals in einem kurzen Film und tritt als Sängerin der Gruppe ‚Emmy' auf. Sie beginnt mit dem Schreiben eigener Songs. Mit dem ersten verdienten Geld reist sie nach Paris und lässt sich in Gitarre, Keyboard und Schlagzeug ausbilden. 1981, wieder in New York, erscheint mit ‚Everybody' ihre erste Single. 1983 kommt ihr erstes Album unter dem Titel ‚Madonna' auf den Markt. 1984 erscheint ihr zweites Album ‚Like a Virgin'. Es wurde zum Mega-Erfolg und mit 15 Millionen verkauften Tonträgern zu einem der erfolgreichsten Alben des Jahrzehnts. Sie stürmte an die Spitze der Hitlisten.

Veronica ist eine äußerst wandlungsfähige Künstlerin, die es immer wieder versteht, ihr Image zu wechseln und auch zu provozieren. Ihre Popularität beruht auf ihrer lasziv-erotischen Bühnenshow. Mit vielen modischen Experimenten bei ihren Auftritten wird sie zur Begründerin zahlreicher Outfit-Trends.

1985 heiratet sie den Schauspieler Sean Penn, von dem sie sich 1989 wieder scheiden lässt. 1992 gründet sie ihre eigene Schallplatten-, Verlags- und Filmgesellschaft. Während sie aber mit ihren Filmproduktionen weniger Erfolg hat, steigt sie zur internationalen Pop-Diva auf. Sie heiratet den englischen Regisseur Guy Ritchie und lebt mit ihm und ihren drei Kindern in Los Angeles und London. Sie spielt im Musical ‚Evita' die Hauptrolle, spielt Theater, singt den Titelsong zur Bond-Verfilmung ‚Die Another Day' und produziert mehrere Alben. Im November 2004 wird Veronica in die britische ‚Hall of Fame' aufgenommen.

2005 erleidet sie einen schweren Reitunfall. Nach einer Genesungs- und Erholungsphase veröffentlicht sie unter großem Medieninteresse ihre nächste Single ‚Hung up'. Das dazugehörige Album ‚Confessions on a dance floor' präsentiert sie im Oktober 2005 in London. Mit Platten, Clips, Konzerten, Videos, gigantischen Bühnenshows, Büchern und Kinofilmen hat Veronica ein Imperium geschaffen.

Das ist unser Blick in das Johari-Fenster von Veronica. Die unterstrichenen Passagen sind starke Indikatoren für ihren Persönlichkeitstyp. Veronica verhält sich wie unser Typ DREI: Der Erfolgsmensch (mehr zu den Typen folgt weiter unten). Damit ist uns auch die Interessenstruktur von Veronica bekannt.

Michaels Kommentar:

Menschen haben Eigenschaften und Merkmale, die immer wieder zusammen auftauchen. Deshalb können wir die wahren Interessen eines Menschen erahnen, ohne diesen vollständig zu kennen. Allein durch die Beobachtung von bestimmten Verhaltensweisen können wir die Haltung eines Menschen verstehen. Wie die Seefahrer früher mit Hilfe von Sternbildern auf hoher See navigieren konnten, so navigieren wir mit Hilfe dieser Interessenstrukturen im zwischenmenschlichen Bereich. Ich freue mich jetzt schon darauf dies auszuprobieren und hoffe, so ein Leben mit weniger Konflikten zu führen.

Kapitel 4: Die Ursache für egozentrisches Verhalten

Die Interessenstruktur, die eine Persönlichkeit in den bisherigen Episoden ihres Lebens entwickelt hat, ist eine wichtige Ursache für ihr aktuelles Verhalten. Dies gilt in besonderem Maße für Egozentriker. Daraus folgt: Wer die Interessenstruktur einer Persönlichkeit kennt, kann geschickter, besser, situationsgerechter und zweckdienlicher mit ihr umgehen als der Unkundige. Dies kommt beiden Seiten zugute.

Interessen und Interessenstruktur

Interessen in dem hier verwendeten Sinn sind Beweggründe, die Menschen dazu veranlassen, etwas zu unternehmen oder etwas zu unterlassen. Sie schließen Motive des Handelns und auch Bedürfnisse sowie Dispositionen ein. Dispositionen sind Verhaltens- oder Handlungstendenzen.

Die in der Persönlichkeit verankerten Interessen nennen wir auch persönlichkeitsbestimmende Interessenstruktur oder abgekürzt **PbI.** Sie sind die Wurzeln für unser Denken, Fühlen und Handeln, also auch für unsere Wahrnehmungs- und Verhaltensmuster. **PbI steuern die Entscheidungen, Unternehmungen und Unterlassungen einer normalen Persönlichkeit.** Die Begriffe ‚normal' und ‚egozentrisch' werden hier – abweichend vom umgangssprachlichen Gebrauch – synonym verwendet.

Die persönlichkeitsbestimmenden Interessenstrukturen (PbI) in der hier beschriebenen Form habe ich, Wolfgang Hinz,[1] aufgrund meiner Erfahrungen 2007 erstmals dargestellt. Ich baue dabei auf den neun Persönlichkeitstypen des Enneagramms – einem bekannten Persönlichkeitsmodell – auf. Unsere Erfahrung: Wer dieses Spektrum der PbI kennt und mit ihm umgehen kann, der kommt mit den beruflichen und privaten Herausforderungen besser zurecht als der Unkundige.

In den folgenden Kapiteln stellen wir die Interessen der neun Persönlichkeitstypen anhand einer einheitlichen Struktur mit diesen vier Ebenen vor:

- Ebene 1: Grundmotivation und Sekundärmotivation
- Ebene 2: Vorlieben und Abneigungen
- Ebene 3: Versuchung und Vermeidung
- Ebene 4: Grundbedürfnis, Grundnot und Grundangst

Zusätzlich zu den Interessen wird bei jedem Persönlichkeitstyp auch der Stressauslöser dieses Typs vorgestellt. Stress ist ein ganz individuelles Phänomen, welches jeder Mensch unterschiedlich erlebt.

Die Selbstoffenbarung

Der erste Schritt zur Bestimmung der PbI besteht in der Ermittlung des Persönlichkeitstyps. Hierzu wird der **Selbstoffenbarungskanal** aus dem **Kommunikationsquadrat** nach Friedemann Schulz von Thun[2] verwendet. Jeder Persönlichkeitstyp hat eine ganz spezielle Art der verbalen und nonverbalen Kommunikation. Diese kann an bestimmten häufig verwendeten Begriffen, Formulierungen, Aussagen, Redewendungen, am Kommunikationsstil oder an Verhaltensmustern erkannt werden. Besonders starke Hinweise hierzu werden

[1] Siehe Hinz, Wolfgang: Prozessorientiert FÜHREN, München 2007.

[2] Siehe Schulz von Thun, Friedemann.

im Folgenden fett hervorgehoben. Zu unterscheiden ist dabei, ob aus dem **Selbstbild** (unfreiwillige Selbstenthüllung) oder aus dem **Wunschbild** (gewollte Selbstdarstellung) heraus kommuniziert wird. Einige der Elemente entspringen auch dem **Fremdbild**, bei dem die Mitmenschen etwas erkennen können, was die Persönlichkeit so von sich selbst nicht sagen würde.

Die deutsche Sprache hat viele verschiedene Ausdrücke für Egozentriker. Abschließend stellen wir bei jeder der neun Interessenstrukturen Beispiele dafür vor. Insgesamt haben wir ohne Anspruch auf Vollständigkeit über 100 Begriffe für Egozentriker aufgeführt. Es handelt sich um Ausprägungen im egozentrischen Bereich für den jeweiligen Persönlichkeitstyp. Sie sind uns im privaten wie beruflichen Alltag sehr vertraut.

Alltagstauglichkeit

Die in den nächsten neun Kapiteln vorgestellten neun Interessenstrukturen ermöglichen es – unabhängig vom eigenen Persönlichkeitstyp –, Egozentriker zu erkennen, zu verstehen und mit ihnen besonders in konfliktträchtigen Situationen geschickte, interessengerechte und zweckdienliche Lösungen zu finden. Die aufgeführten Interessen sind bewusst einfach dargestellt, damit sie leicht zu erlernen und auch einprägsam sind. Wir empfehlen dem Anwender, sich diese neun Strukturen fest einzuprägen, um sich die Vorteile des Verfahrens voll zu erschließen.

Bei weitergehendem Interesse können Sie im Anschluss bei den Persönlichkeitstypen (ab Seite 76) nachschlagen. Dieser Teil B des Buches dient allerdings mehr der Hintergrundinformation als der eigentlichen Anwendung.

Michaels Kommentar:

Okay, wenn ich weiß, was jemand wirklich will, was in ihm Stress auslöst und was ihn antreibt, dann habe ich ein ziemlich klares Bild von ihm. Und es sind neun verschiedene Grundtypen? Das klingt überschaubar. Am besten suche ich mir für jeden Typ ein Beispiel aus meinem Umfeld. So ist das viel einfacher zu merken. Und ganz nebenbei hilft es mir beim Umgang miteinander.

Kapitel 5:
Zum Einprägen – PbI PERFEKTIONIST

PRINZIPIENORIENTIERUNG: GRUNDMUSTER EINS – ICH HABE RECHT!

Grundmotivation:

Die EINS möchte gerecht sein. Sie strebt nach Vollkommenheit und will auch ihre Mitmenschen bessern. Sie möchte die eigene Person rechtfertigen und unangetastet über aller Kritik stehen.

Sekundärmotivation:

Sie will ihre Mitmenschen fair und gerecht behandeln. Sie will die Welt verbessern, alles kontrollieren, damit keine Fehler auftreten. Sie will ihre eigene Position verteidigen, selbst schuldlos sein und diejenigen verdammen, die nicht nach ihren Idealen leben.

Vorlieben:

- Vollkommenheit
- Ordnung schaffen
- Recht haben
- gute Arbeit leisten
- an sich arbeiten
- andere kritisieren

Abneigungen:

- mogeln oder lügen
- Kritik an ihrer Person
- Schmutz
- Unordnung
- Fehler
- Ärger

Versuchung:

Die Suche nach Vollkommenheit beherrscht das Leben der EINS und ist ihre eigentliche Versuchung. Sie sucht ihre Vorstellung von Vollkommenheit im ‚mehr desselben', nicht in der Ganzheit aller Erscheinungsformen des Lebens. Daher kämpft sie wie Don Quichotte gegen die Windmühlenflügel ihren Kampf gegen die scheinbare Unvollkommenheit der Welt.

Vermeidung:

Die EINS vermeidet Fehler und Ärger. Dazu bemerkt ROHR / EBERT: *„Wir EINSer schämen uns nämlich für unseren Zorn! Unsere Sünde und unsere Vermeidung fallen in eins. Wir vermeiden es, den Ärger, der uns motiviert und antreibt, zuzulassen, und können weder vor uns selbst noch vor anderen zugeben, dass wir aggressiv sind. Denn auch Ärger ist für uns etwas Unvollkommenes. Musterkinder sind nicht wütend. Innerlich kochen wir vor Wut, weil die Welt so verdammt unvollkommen ist. Aber wir artikulieren unsere Aggressionen nicht als solche."*

Grundbedürfnis:

Das Grundbedürfnis der EINS besteht darin, Recht zu haben. Sie hat das Gefühl, besser zu sein als ihre Mitmenschen. Sie kennt den richtigen Weg und weiß, wie alles sein muss.

Grundnot:

Ihre Autonomie ist auf dieser Welt nicht selbstverständlich gewährleistet.

Grundangst:

Die EINS hat auch eine Schieflage in ihrem Bedürfnis nach Autonomie. Sie fürchtet, verurteilt zu werden, wenn sie sich nicht ständig an Idealvorstellungen hält. Das Leben ist für sie wie ein Balanceakt auf dem Hochseil über dem Abgrund: Ein einziger Ausrutscher und sie ist verloren. Vor diesem Ausrutscher fürchtet sie sich.

Stressauslöser:

Jede Unvollkommenheit löst bei der EINS Stress aus. Dieser intensiviert sich, wenn die Unvollkommenheit nicht in Ordnung gebracht werden kann. Das löst Ärger und Zorn aus, die aber beide unterdrückt werden müssen, weil es nicht in Ordnung ist, ärgerlich zu sein oder im Zorn die Selbstkontrolle zu verlieren. Weiter gerät die EINS in Stress, wenn Mitmenschen ihr Fehler nachweisen. Dann reagiert sie mit besonders harten Bandagen.

Selbstoffenbarung

- **Belehrender und moralisierender Redestil.**
- **Ich bin ein vernünftiger, objektiv denkender Mensch!**
- Ich war ein **Musterkind**.
- **Mein Verhalten ist immer tadellos.**
- Ich habe es früh gelernt, **Fehler** zu **vermeiden**.
- **Ordnung, Moral und Vollkommenheit** sind meine Grundansprüche.
- **Ich habe immer Recht.**
- Ich kann **richtig und falsch** unterscheiden.
- Meine Mitmenschen will ich bessern.
- **Du machst das falsch.**
- Hör auf mich – ich weiß, wie man es richtig macht.
- Kritik an meiner Person kann ich nicht ausstehen.
- Bei meinem Streben nach **Perfektion** kann ich **missionarischen Eifer** entwickeln.
- Ich orientiere mich an **Regeln und Prinzipien.**
- Ich bin **Richter, Staatsanwalt**, Lehrer, Pfarrer, Beamter, **Buchhalter**, Naturfreund.
- Ich verspüre den inneren Zwang, Unordnung in Ordnung zu überführen.
- Mein **innerer Kritiker** ist gut ausgebildet und immer aktiv.
- Alles, was **fehlerhaft oder mangelhaft** ist, springt mir sofort ins Auge.
- Ich wirke manchmal **nörglerisch**.
- Ich habe möglicherweise auch meine Fehler, aber **nie Unrecht.**
- Ich habe **hohe Ideale.**
- In der Natur fühle ich mich wohl.

- Ich musste sehr früh Verantwortung in der Familie übernehmen.
- Ich bin ein **Idealist**.
- Bei anderen entdecke ich immer das **Fehlerhafte, Erbärmliche und Schändliche** und brandmarke es entsprechend herabsetzend und entwürdigend.
- Du bist schuld, erbärmlich, dumm, krankhaft.
- Ich kann einfach nicht darüber hinwegsehen, wenn etwas im Argen liegt.
- Ich habe etwas von einem Lehrer und Kämpfer in mir.
- Ich überzeuge die Menschen durch meine vernünftigen Argumente.
- Andere würden mich direkt, **formell und idealistisch** nennen.
- Ich neige eher dazu, jemanden zu **kritisieren**.
- Ich bin sehr zeitbewusst und brauche Vorgaben, um etwas fertig zu bekommen.
- Ich bin ernst und diszipliniert.
- Ich ärgere mich innerlich schwarz, wenn andere meine Vorgaben nicht genau befolgen.
- Ich finde es besser, anderen die Augen zu öffnen, wenn sie einen Fehler machen.
- Ich weiß, dass ich manchmal vorschnell **urteile** und zu ungeduldig bin.
- **Moral ist ein objektiver Begriff.**
- Ich bin ein **Perfektionist**.
- Meine Handlungsweise gründet sich auf meinen **Prinzipien**.
- Ich folge meinem **Gewissen** und meiner **Vernunft**.
- Wenn ich auf andere Menschen wütend bin, sage ich ihnen, was ich denke.

Beispiele für Egozentriker mit dieser Interessenstruktur: Besserwisser, Rechthaber, Weltverbesserer, Moralapostel, Idealist, Pedant, Puritaner, Prinzipienreiter, Ordnungssüchtiger, Putzsüchtiger, Kritiker, Asket, Kämpfer für Gerechtigkeit.

Michaels Kommentar:

Eins ist klar: Einen Perfektionisten sollte man niemals kritisieren, einen Fehler sollte man ihm schon gar nicht nachweisen. Das löst bei ihm Stress aus. Oder haben Sie schon einmal einem Busfahrer erzählt, wie man richtig Bus fährt? Das ist keine gute Idee, glauben Sie mir. Wenn Sie einem Perfektionisten helfen, Fehler bereits im Vorfeld zu erkennen und zu vermeiden, dann haben Sie einen Freund fürs Leben gewonnen.

Kapitel 6: Zum Einprägen – PbI Helfer

LIEBESORIENTIERUNG: GRUNDMUSTER ZWEI – ICH HELFE!

Grundmotivation:

Die ZWEI möchte geliebt und anerkannt werden. Sie will ihre Gefühle zum Ausdruck bringen, will gebraucht und geschätzt werden. Sie möchte die eigenen Ansprüche rechtfertigen.

Sekundärmotivation:

Sie möchte ihre Gefühle für andere Menschen zum Ausdruck bringen und ihnen helfen. Sie will anerkannt werden für das, was sie für andere tut. Sie will über ihre Hilfsbereitschaft Kontrolle über andere Menschen ausüben.

Vorlieben:

- anderen Menschen Rat geben
- anderen Mut machen
- Menschen einen Gefallen tun
- Geschenke machen

- erraten, was andere brauchen
- Mittelpunkt einer Gruppe sein

Abneigungen:

- nein sagen
- allein sein
- niemand haben, der sie braucht
- warten müssen
- allein in der Ecke sitzen bleiben

Versuchung:

Die Versuchung der ZWEI besteht darin, ständig anderen Menschen zu helfen. Ihre Identität liegt in den Bedürfnissen und Wünschen anderer Menschen und damit außerhalb ihrer selbst.

Vermeidung:

Die ZWEI unterdrückt ihre eigenen Bedürfnisse und projiziert sie auf andere Menschen. Sie hat keinen Zugang zu ihren Bedürfnissen, weil sie ständig nur für die Bedürfnisse anderer Menschen lebt.

Grundbedürfnis:

Die ZWEI hat das Grundbedürfnis, geliebt und anerkannt zu werden.

Grundnot:

Irgendwie fühlt sie sich hier auf dieser Welt nicht gut emotional versorgt und geliebt.

Grundangst:

Die ZWEI hat eine Schieflage beim Bedürfnis nach Liebe und Anerkennung. Sie hat Angst vor dem, was passieren könnte, wenn sich ihr immenses Verlangen nach Wärme, Liebe und Nähe selbstständig macht und außer Kontrolle gerät. Weiter fürchtet sie sich davor, ungeliebt und unerwünscht zu sein.

Stressauslöser:

Stress entsteht für die ZWEI, wenn andere Menschen ihre Hilfe ablehnen oder ihr den Dank für ihre Hilfsbereitschaft verweigern. Denn obwohl die Menschen mit Muster ZWEI den Eindruck erwecken, dass ihnen das nicht so wichtig sei, achten sie sehr aufmerksam auf die Anerkennung für ihre Hilfe. Kleine Gesten wie ein anerkennendes Wort oder ein Blick zur Bestätigung sind dabei bereits ausreichend.

Selbstoffenbarung

- **Schmeichelnder und beratender Redestil.**
- **Ich bin ein mitfühlender, liebevoller Mensch!**
- Ich bin als Arzt, **Krankenschwester, Sekretärin, Butler,** Psychologe, **Sozialarbeiter,** Psychotherapeut, Pädagoge tätig.
- Ich bin ein guter **Gastgeber.**
- **Liebe und Anerkennung** meiner Person sind mir wichtig.
- Ich bringe meine **Gefühle** zum Ausdruck.
- Ich pflege meine Beziehungen.
- Ich möchte **gebraucht** und **geschätzt** werden.
- Keine Sorge, ich bin ganz für Dich da.
- Das werden wir schon hinkriegen.
- Du Armer, Du bist wirklich zu **bedauern** und brauchst **Hilfe.**
- Ich brauche niemanden.
- Irgendwie ist das so meine Rolle – **sorgen, kümmern, zuständig sein.**
- Ich trage mein **Herz auf der Zunge.**
- Ich bin freundlich, **überschwänglich** und voller guter Absichten.
- Es fällt mir leicht, Freundschaften zu schließen.
- Ich bin **hilfsbereit und fürsorglich.**
- Ich bereite gern anderen **Gefälligkeiten** und Freude.
- Ich interessiere mich für die **Nöte und Bedürfnisse** meiner Mitmenschen.
- Es gefällt mir, wenn Menschen von mir **abhängig** sind.
- Ich bin **teilnahmsvoll** und höre zu, was andere von sich erzählen.

- Gern mische ich mich in anderer Leute Angelegenheiten ein.
- Ich brauche Menschen um mich, die mir ihre Zuneigung zeigen.
- Ich opfere gern Zeit für soziale oder emotionale Belange.
- Ich bin ziemlich **sentimental.**
- Ich kann niemanden **leiden** sehen. Deshalb schalte ich mich ein und **helfe.**
- Meinen Lieben gegenüber bin ich ganz schön **besitzergreifend.**
- Im Grunde bin ich ein **warmherziger,** fröhlicher Mensch.
- Gern bin ich in Gesellschaft anderer Menschen.
- Meinen Mitmenschen gebe ich oft Rat und persönliche Empfehlungen.
- Ich bin eher **spontan** und gut im Improvisieren.
- Ich bin ein **Trost** für Menschen, die vom Pech verfolgt sind.
- **Meine Gefühle zeige ich offen.**
- Ich gehe auf andere Menschen zu
- Gern **schmeichele** ich auch meinen Mitmenschen.
- Ich **lobe** gern und oft.

Beispiele für Egozentriker mit dieser Interessenstruktur: Helfer, Diener, Gastgeber, der besitzergreifende Intimfreund, der großsprecherische Freund, der Bemutterungstyp, der Scheinheilige, die Klette.

Michaels Kommentar:

Den Helfer muss man also mit einbeziehen. Ausgrenzung ist tabu! Und am besten gebe ich ihm die Aufgabe, für andere zu sorgen. Wichtig ist außerdem der Punkt Anerkennung: Ich sollte die Anerkennung konkret machen. Das heißt: Ich sage, was er für wen getan hat, wie er es getan hat und wem es genützt hat. Und dann bedanke ich mich direkt. So fühlt er sich anerkannt und weiß, dass er gebraucht und geschätzt wird. Mal ehrlich, wenn ein Helfer helfen will, dann sollte er auch helfen dürfen.

Kapitel 7: Zum Einprägen – PbI Erfolgsmensch

ERFOLGSORIENTIERUNG: GRUNDMUSTER DREI – ICH BIN ERFOLGREICH!

Grundmotivation:

Die DREI möchte Bestätigung, Aufmerksamkeit und Bewunderung durch ihre Mitmenschen. Sie will ihre Mitmenschen beeindrucken und durch sie Anerkennung ihrer Erfolge erfahren.

Sekundärmotivation:

Sie will die Beste sein, will andere Menschen überragen und sich abheben. Sie will Eindruck schinden und alles tun, um ihr Image und ihren Erfolg zu erhalten.

Vorlieben:

- etwas tatkräftig anpacken
- etwas mit Erfolg erledigen
- effizient, beschäftigt und aktiv sein
- ihren Status und ihr Image steigern
- Wettbewerb mit anderen Menschen

Abneigungen:

- über Gefühle sprechen
- nichts zu tun zu haben
- Besprechungen, die endlos dauern
- eine günstige Gelegenheit verpassen
- sich in Geduld üben

Versuchung:

Die Versuchung der DREI ist ihre Tüchtigkeit und ihre Sucht, dafür bewundert zu werden. Da sie so sehr an ihre Überlegenheit glaubt, tritt sie gerade mit den Menschen in Wettbewerb, von denen sie bewundert werden will.

Vermeidung:

Die DREI vermeidet unter allen Umständen Versagen. Es gibt nichts Tragischeres als eine erfolglose DREI, weil es für sie traumatisch ist, mit Versagen, Scheitern oder Verlieren umgehen zu müssen.

Grundbedürfnis:

Die DREI will erfolgreich sein und für ihre Leistung bewundert werden. Dahinter verbirgt sich allerdings eine tiefe Sehnsucht nach Liebe und Anerkennung.

Grundnot:

Irgendwie fühlt sie sich hier auf dieser Welt nicht gut emotional versorgt und geliebt.

Grundangst:

Die DREI hat eine Schieflage beim Bedürfnis nach Liebe und Anerkennung. Sie fürchtet, von ihren Mitmenschen abgelehnt und zurückgewiesen zu werden. Aber gerade ihre fortwährende Sucht nach Applaus und Bewunderung stößt die Mitmenschen ab. So vieles, was die anderen Menschen bewundern, erweist sich als bloße Verpackung und bricht irgendwann in sich zusammen.

Stressauslöser:

Unter Stress gerät die DREI, wenn ihr die Menschen in ihrer Umgebung nicht die Bewunderung und den Applaus geben, die sie so dringend braucht und für die sie ihre Aktivitäten inszeniert.

Selbstoffenbarung

- **Werbender und begeisternder Redestil.**
- **Ich bin ein bewunderungswürdiger und beneidenswerter Mensch!**
- Sei wie ich – ich weiß, wie man **erfolgreich** ist.
- Ich bin Geschäftsführer, Vorstand, Vertreter, **Verkäufer,** Marketingleiter, Werbechef, Schauspieler, Sänger, Model.
- Ich war ein **Wunschkind** und meine **Mutter hat mich vergöttert.**
- **Anerkennung meiner Leistung** und **Bewunderung** sind mir besonders wichtig.
- Ich brauche das einfach. **Bewunderung ist für mich wie eine Droge.**
- Ich bemühe mich, bei anderen anzukommen und sie zu **beeindrucken.**
- **Verpackung** ist wichtiger als der Inhalt.
- Manchmal habe ich das Gefühl, **eine Rolle zu spielen,** mit der ich mich identifiziere.
- Ich präsentiere immer meine **Schokoladenseite.**
- Immer verhalte ich mich **wettbewerbsorientiert.**
- **Image, Prestige und Status** sind mir besonders wichtig.
- Ich bin **Selbstdarsteller, Schauspieler, Karrierist.**
- Ich bin ein **Strahlemensch** und voller Optimismus.
- Ich bin ein **Erfolgsmensch** und **Siegertyp.**
- Meine wichtigsten Worte: Arbeit, Vitalität, **Leistung,** Konkurrenz, Wettbewerb, Effizienz, **Image, Erfolg,** Outfit, Kompetenz, Optimismus, Design, Verpackung, Begeisterung, Projekt.
- Ich **inszeniere** clever und wirksam meine eigene Marketingstrategie.
- Kleinere oder größere **Lügen** sind dabei durchaus hilfreich.
- Niederlagen kenne ich nicht.
- Meine Gefühle habe ich wegen der imagegefährdenden Wirkung wegrationalisiert.
- Ich besitze ein gutes Gespür dafür, welche Rolle in der jeweiligen Situation gut ankommt.
- Ich bin **pragmatisch, tüchtig und zielorientiert.**
- Ich kann auch **narzisstisch,** eitel, **arrogant** und **exhibitionistisch** sein.
- Sieh her, wie ich doch gelehrsam reden kann.
- Sieh her, **was mir alles gehört.**

- Sieh her, **wen ich alles kenne.**
- Sieh her, wo ich überall mitmische.
- Sieh her, was ich für **Heldentaten** begangen habe.
- Ich stehe ständig unter **Zeit- und Leistungsdruck.**
- Ich bin **professionell.**
- Ich bin ein **Charmeur.**
- Ich bin anpassungsfähig und komme in fast jeder Situation gut zurecht.
- Meine **Erfolge** verdanke ich meinem Talent, einen **guten Eindruck** zu machen.
- Ich weiß, dass ich manchmal ziemlich **kalt und unnahbar** wirke.
- Wenn ich zwischen Karriere und Freunden wählen müsste, würde ich die **Karriere** wählen.
- Ich neige dazu, auf **Konfrontationskurs** zu gehen.
- Ich bin mehr auf **Ziele** als auf Menschen ausgerichtet.
- **Ich rede gern über mich selbst** und stehe gern im **Brennpunkt der Aufmerksamkeit.**
- Ich verlasse mich auf niemanden: ich will selbst am Hebel sein.

Beispiele für Egozentriker mit dieser Interessenstruktur: Schauspieler, Narziss, der Eitle, Charmeur, der Ehrgeizige, der Statusbesessene, Utilitarist, Selbstdarsteller, Strahlemensch, Karrierist, Siegertyp, Angeber.

Michaels Kommentar:

Der Erfolgsmensch sucht Bewunderung. Und Versagen scheut er, wie der Teufel das Weihwasser. Damit kommt er nicht zurecht. Ich werde es also tunlichst vermeiden, einen Erfolgsmenschen mit Versagen zu konfrontieren. Ich gebe dem Erfolgsmenschen für seine Erfolge statt Bewunderung lieber den Respekt und die Anerkennung, die er verdient. Das allerdings nur für die Leistungen, die auch tatsächlich anerkennenswert sind. Wir wollen ja nicht schleimen. Respekt und Anerkennung wirken stärker und nachhaltiger als Bewunderung.

Kapitel 8: Zum Einprägen – PbI Individualist

SELBSTORIENTIERUNG: GRUNDMUSTER VIER – ICH BIN BESONDERS!

Grundmotivation:

Die VIER möchte sich selbst verstehen und ihre Identität finden. Sie will sich mit Schönem ausdrücken. Sie zieht sich zurück, um die eigenen Gefühle zu schützen und kümmert sich zuerst um die eigenen emotionalen Bedürfnisse, ehe sie sich anderen Menschen zuwendet.

Sekundärmotivation:

Sie will sich selbst zum Ausdruck bringen und etwas Schönes schaffen, das anderen Menschen vermittelt, wer sie ist. Sie will sich erst über ihre eigenen Gefühle klar werden, ehe sie sich auf ihre Mitmenschen einlässt. Sie will sich selbst verwöhnen, um das zu kompensieren, was sie in der realen Welt vermisst.

Vorlieben:

- von ihrer seelischen Verfassung erzählen
- ihre Kreativität einsetzen
- einmalige, intensive, besondere Situationen erleben

Abneigungen:

- das Normale, die Routine, das Alltägliche
- Rücksichtslosigkeit
- sich an Vorschriften halten

Versuchung:

Die Versuchung der VIER ist ihre ständige Suche nach Echtheit und Originalität. Alles, was eine ursprüngliche Originalität ausstrahlt, weckt in ihr die

Sehnsucht nach jener Einfachheit und Natürlichkeit, welche sie selbst verloren hat.

Vermeidung:

Die VIER vermeidet Gewöhnlichkeit. Alles, was normal oder konventionell ist, wird von ihr verachtet. Die Vorstellung, zu sein wie alle anderen Menschen, löst in ihr geradezu panische Angst aus.

Grundbedürfnis:

Die VIER trachtet danach, sich selbst zu verstehen und sich selbst zu verwirklichen. Sie ist auf der Suche nach ihrer eigenen Identität. Selbsterkenntnis ist ihr wichtigstes Ziel.

Grundnot:

Irgendwie fühlt sie sich hier auf dieser Welt nicht gut emotional versorgt und geliebt.

Grundangst:

Die VIER hat eine Schieflage beim Bedürfnis nach Liebe und Anerkennung. Sie fühlt sich auf der Welt nicht willkommen, unbeliebt und ungeliebt. Sie fürchtet, nicht wirklich dazuzugehören. Sie hat Angst davor, irgendwie defekt oder fehlerhaft zu sein.

Stressauslöser:

Menschen mit Muster VIER geraten in Stress, wenn sie mit Konfrontation und aggressivem Verhalten in Berührung kommen. Oder wenn sie sich selbst eingestehen müssen, dass sie nur Gewöhnliches zustande bringen. Härter wird es für sie, wenn ihnen nicht die Aufmerksamkeit entgegen gebracht wird, die sie sich erhoffen. Noch schlimmer wird es, wenn sie mit Verlusterfahrungen konfrontiert werden.

Selbstoffenbarung

- **Ausschmückender und ausschweifender Redestil.**
- **Ich bin ein sensibler, intuitiver und einzigartiger Mensch!**
- Ich bin **schöpferisch, inspiriert, fantasievoll.**
- Wiener Schnitzel – wie **gewöhnlich.**
- **Meine Kleidung ist farblich gut abgestimmt.**
- Meine Kleidung ist **auffallend – bunt, schrill und verrückt.**
- **Ich falle auf. Man kann mich nicht übersehen.**
- Ich will etwas **Besonderes** erleben/sein.
- Ich will **interessante** Menschen kennenlernen.
- Ich bin **depressiv.**
- **Himmelhoch jauchzend, zu Tode betrübt.**
- In den trüben Herbsttagen kommt bei mir eine **melancholisch-depressive Stimmung** auf.
- Ich bin ein **Romantiker.**
- Ich rede gern und viel über **Stimmungen.**
- **Kreativität, Ästhetik und Selbstverwirklichung** sind meine beherrschenden Themen.
- Ich wollte nicht so werden wie meine Eltern.
- Das Normale hat für mich keine Anziehungskraft.
- Harmonie und Schönheit prägen mein Leben.
- Ich hasse alles, was abgestanden, althergebracht, hausbacken, hässlich, durchschnittlich, stillos oder normal ist.
- **Ich brilliere mit Klasse und Stil.**
- In der Welt der **Symbole, Phantasien und Träume** bin ich zu Hause.
- **Ich will nicht wie alle anderen sein.**
- Meine Lieblingsworte: **attraktiv, interessant, originell, etwas Besonderes, Klasse, Stil, ausgefallen, Geschmack, ästhetisch.**
- Ich habe **Launen** und bin starken **Stimmungsschwankungen** unterworfen.
- Kaviarersatz – das ist einfach unmöglich.
- Ich lege mich nie mit irgendjemandem an.
- Ich mag keine Aggressivität.
- Ich bin Künstler, Maler, Sänger, Musiker, Dichter, Dramatiker, Tänzer, Schauspieler, Erfinder, Entwickler, Aristokrat, Bohemien.
- Ich bin **schöpferisch, inspiriert, fantasievoll.**
- Einer meiner größten Vorzüge ist meine **Gefühlstiefe.**
- Ich meide Situationen, die mir neu sind.

- Ich brauche immer einige Zeit, bis ich mich eingewöhnt habe.
- Ich bin **romantisch** und überlasse mich gern **starken Empfindungen.**
- Ein großes Plus ist bei mir die Fähigkeit, innere Vorgänge zu beschreiben.
- Ich brauche unbedingt eine ästhetisch ansprechende Umgebung.
- Ich verbringe viel Zeit damit, mich selbst zu ergründen.
- Ich folge eher meiner **Intuition** als meinem Kopf.
- Ich bin ziemlich unpraktisch und irgendwie ein **Träumer.**

Beispiele für Egozentriker mit dieser Interessenstruktur: Künstler, Romantiker, Individualist, der Depressive, Ästhet, Aristokrat, Bohemien, der Kreative, Träumer.

> **Michaels Kommentar:**
>
> *Der Individualist ist gestresst bei Konfrontationen und wenn er übersehen oder verlassen wird. Gewöhnlich, so wie jeder, will er auch nicht sein, sondern etwas Besonderes. Am besten unterstütze ich sein Selbstvertrauen, indem ich seine besonderen Fähigkeiten rückmelde. Das ist wie beim Goldsuchen: Man gräbt solange, bis man auf eine Goldader stößt. Und ich sollte immer eine Tür für ihn offenhalten. Alles was ihm bei seiner Entwicklung hilft (solange es nicht als Kritik wahrgenommen wird), tut ihm gut. Das ist doch einfach: Ich nehme ihn an, wie er ist, baue ihn auf und unterstütze ihn dabei, stark zu werden.*

Kapitel 9: Zum Einprägen – PbI Denker

ERKENNTNISORIENTIERUNG: GRUNDMUSTER FÜNF – ICH BLICKE DURCH!

Grundmotivation:

Die FÜNF möchte ihre Umwelt verstehen. Sie will Wissen ansammeln, alles analysieren und sich so gegen die Bedrohungen aus der Umwelt schützen.

Sekundärmotivation:

Sie will alles beobachten, alles verstehen, alles auf eine einheitliche Idee zurückführen, intellektuelle Gewissheit haben. Sie lehnt ab, was nicht mit ihren Vorstellungen übereinstimmt und zieht sich von allem, was ihr bedrohlich erscheint, zurück.

Vorlieben:

- innerlich leben, schweigen, sich diskret verhalten
- beobachten, sich zurückziehen
- etwas verstehen, begreifen
- nachdenken, den Dingen auf den Grund gehen
- Wissen ansammeln und analysieren

Abneigungen:

- wenn jemand in ihren Lebensraum eindringt
- Aufwand und Überflüssiges
- Lärm
- Small Talk
- Fragen nach ihren Gefühlen und Gedanken
- emotionale Ausbrüche
- spontane Entscheidungen
- abhängig sein

Versuchung:

Die Versuchung der FÜNF ist Wissen. Daraus bildet sie sich ihre Theorien und Modelle über die Beschaffenheit der Welt. Einer Gelegenheit, Wissen anzusammeln und zu analysieren, kann sie nicht widerstehen.

Vermeidung:

Sie vermeidet es, sich preiszugeben oder ihr Innerstes zur Schau zu stellen.

Grundbedürfnis:

Das Grundbedürfnis der FÜNF besteht darin, ihre Umwelt zu verstehen und möglichst alles mitzubekommen.

Grundnot:

Irgendwie fühlt sie sich auf dieser Welt nicht sicher.

Grundangst:

Die FÜNF hat eine Schieflage in ihrem Bedürfnis nach Sicherheit. Sie hat erfahren, dass ihre Umwelt unberechenbar oder sogar bedrohlich ist. Insofern ist die Angst, von der Umwelt oder den Mitmenschen bedroht zu werden, latent immer im Hintergrund präsent. Ihre Neugier, ihre Wachheit und das Bedürfnis, ihre Beobachtungen in einen sinnvollen Kontext zu stellen, sind Versuche, sich vor realen oder eingebildeten Gefahren zu schützen.

Stressauslöser:

Stress ist für die FÜNF eine zu starke Einbeziehung oder eine emotionale Überforderung. Damit ist zu große persönliche Nähe und der Verlust der für sie notwendigen Minimaldistanz gemeint.

Selbstoffenbarung

- **Erklärender und systematisierender Redestil.**
- **Ich bin ein intelligenter, wahrnehmungsfähiger Mensch!**
- Ich bin **Beobachter, Wissenschaftler, Gelehrter,** Analytiker, Techniker, Problemlöser, Informatiker, Berater, Künstler oder Schriftsteller.
- Ich bin **exzentrisch.**
- Ich bin ein **versponnener Theoretiker.**
- Ich halte meine Mitmenschen auf Distanz.
- Viele werden nicht recht warm mit mir.
- Die Klugheit gebietet es, die Sache nüchtern und ohne Emotionen zu betrachten.
- Komm mir nicht zu nahe.
- Für mich zählen nur Fakten.
- Ich kann allein für mich sorgen.
- Ich bleibe niemandem etwas schuldig.
- Ich ziehe mich gern in mein **Schneckenhaus** zurück.
- Nun lass mich doch erst mal zur Ruhe kommen.
- Du wirst Dich doch wohl noch eine Weile selbst beschäftigen können.
- Wenn man meine Distanz durchbricht, kommt bei mir Hass oder Panik auf.
- Ich wirke oft reserviert und abweisend.
- Meine Mitmenschen halten mich für einen **Eigenbrötler.**
- Ich habe **autistische** Züge in mir.
- Ich gelte als **wortkarg** und ‚muffig'.
- Als Kind war ich viel mit Erwachsenen zusammen und durfte nicht stören.
- Ich habe mir angewöhnt, meine Umgebung gut zu **beobachten.**
- Ich will alles mitbekommen.
- In einer Menschenmenge fühle ich mich unwohl.
- Über Gefühle kann ich nicht gut reden.
- Über Sachthemen kann ich stundenlang diskutieren.
- Meine Lieblingsworte sind **Wissen,** Ordnen, Fakten, Informationen, Tatsachen, **Beobachtung, Entdeckung,** Theorie.
- Ich kann den **Gürtel enger schnallen** und mit wenig auskommen.
- Ich bin ein **Experte.**
- Ich bin Spezialist und Analytiker.
- Einer meiner größten Vorzüge ist mein durchdringender Verstand.
- **Ich handle erst, wenn ich alles gründlich durchdacht habe.**

Beispiele für Egozentriker mit dieser Interessenstruktur: Denker, Beobachter, Asket, Analytiker, Experte, Exzentriker, Problemlöser, Wissenschaftler, Gelehrter, Theoretiker, Eigenbrötler, Spezialist, Forscher.

> *Michaels Kommentar:*
>
> *Der Denker ist im Grunde wie das Haus eines Fremden: Man sollte es nur betreten, wenn man eingeladen wurde. Der Denker fühlt sich nicht sicher. Alles, was unvorhersehbar ist oder bedrohlich wirkt, stresst ihn. Ich lasse ihm also seinen Raum und bemühe mich, nichts Unvorhergesehenes passieren zu lassen. Und emotionale Ausbrüche sollte ich auch tunlichst vermeiden. Er will alles ganz genau wissen. Also gebe ich ihm proaktiv alle Informationen, die er brauchen könnte, damit er sich wohlfühlt. Eigentlich gar nicht so schwer.*

Kapitel 10: Zum Einprägen – PbI Traditionalist

SICHERHEITSORIENTIERUNG: GRUNDMUSTER SECHS – ICH TUE MEINE PFLICHT!

Grundmotivation:

Die SECHS möchte Sicherheit. Sie will von anderen geliebt und akzeptiert werden. Sie stellt die Mitmenschen gern auf die Probe und kämpft gegen Angst und Unsicherheit.

Sekundärmotivation:

Sie will beliebt sein und Beifall finden. Das gibt ihr Sicherheit. Sie bringt sich zur Geltung, um ihre Ängste zu kompensieren, sie sucht Rückhalt, wenn sie sich fürchtet. Sie wünscht, dass ihr die Autoritätsfigur zur Hilfe kommt.

Vorlieben:

- eindeutige Situationen
- das Gefühl der Sicherheit
- Treue und Loyalität
- Zeit haben, sich auf Veränderungen vorzubereiten
- anderen widersprechen, um deren Aufrichtigkeit zu prüfen

Abneigungen:

- eine unberechenbare oder schwache Autoritätsfigur
- Verrat und Lüge
- konfliktbehaftete Situationen
- Unvorhergesehenes
- Schönredner
- etwas anfangen, ohne das Ziel zu kennen
- wenn man versucht, sie zu täuschen

Versuchung:

Die Versuchung der SECHS ist das permanente Streben nach noch mehr Sicherheit. Sie sucht diese nicht in sich selbst, sondern in der Außenwelt bei einer Autoritätsfigur oder einem Glaubenssystem. Zugleich bleibt sie aber misstrauisch.

Vermeidung:

Sie vermeidet Fehlverhalten, wo immer sie kann. Fehlverhalten setzt sie der Gefahr der Bestrafung durch ihre Autoritätsfigur aus.

Grundbedürfnis:

Das Grundbedürfnis der SECHS ist Geborgenheit, was sich in ihrem Sicherheitsanspruch ausdrückt.

Grundnot:

Irgendwie fühlt sie sich auf dieser Welt nicht sicher.

Grundangst:

Die SECHS hat eine Schieflage in ihrem Bedürfnis nach Sicherheit. Die SECHS leidet am meisten unter Angst und Unsicherheit, da sie sich ihrer Ängste wohl bewusst ist. Da sie die ersehnte Sicherheit und Geborgenheit nicht in sich selbst findet, sucht sie diese in der Außenwelt bei einer Autoritätsfigur. Dies führt in der Folge zu der permanenten Furcht, von der Autoritätsfigur verraten, bestraft oder ausgenutzt zu werden.

Stressauslöser:

Wenn sich ihre vorbeugenden Sicherheitsmaßnahmen als nicht wirkungsvoll erweisen oder wenn sie mit unerwarteten Veränderungen konfrontiert werden, geraten Menschen mit Muster SECHS unter Stress. Ganz schlimm wird es, wenn sie von Menschen oder Gruppen, denen sie sich zugehörig fühlen, zurückgewiesen werden. Ihr Super-Gau dabei ist, wenn sie sich von ihrer Autoritätsperson verraten fühlen.

Selbstoffenbarung

- **Warnender und begrenzender Redestil.**
- **Ich bin ein liebenswerter, verlässlicher Mensch!**
- Ich gelte als **zuverlässig, loyal, sicherheitsbewusst.**
- Ich bin ein **Zweifler.**
- Ich bin traditionsverbunden und konservativ.
- Ich bin ein echter Kumpel.
- Meine Grundmotivation ist das **Sicherheitsstreben.**
- Ich bin **pflichtbewusst, aber auch misstrauisch und kritisch.**
- **Ja – aber** sind häufig benutzte Worte (Ambivalenz).
- **Ich warne davor ...**
- **Ich muss ... Ich darf nicht ... Ich kann nicht ...** (Fremdentscheidung)
- Immer wieder entdecke ich das Haar in der Suppe.
- Ich bin Richter, Staatsanwalt, Rechtsanwalt, Detektiv, Polizist, Kriminalkommissar, Krimischreiber oder auch Krimineller.

- Wenn ich mich benachteiligt fühle, werde ich zum **Störenfried, Rebell oder Querulant.**
- **Ich bin ein liebenswerter, verlässlicher Mensch!**
- Ich bin vorsichtig, zögerlich, skeptisch und **misstrauisch.**
- Autoritätsgläubigkeit und **Sicherheitsdenken** sind für mich prägend.
- Ich bin eher **pessimistisch.**
- Ich bin sehr **verantwortungsbewusst.**
- Ich treffe nicht gern Entscheidungen.
- **Ich identifiziere mich gern mit einer Autoritätsperson oder einem Glaubenssystem,** welche mir die **Entscheidungen abnehmen.**
- Wie soll ich das bloß machen?
- Mir wächst das alles über den Kopf.
- Ich bin schwach und hilflos – **allein bin ich dem Leben nicht gewachsen.**
- **Ich habe einen Mangel an Selbstvertrauen.**
- Allein schaffe ich das nicht.
- Ich kann das nicht.
- **Hilf mir, Du musst für mich sorgen.**
- Du bist stark und kompetent.
- Lass mich bloß nicht im Stich.
- Unterstütze und beschütze mich.
- Hilf mir, nimm mich an die Hand, lass mich bloß nicht allein!
- **Ohne Dich bin ich aufgeschmissen.**
- Wie schlimm das alles ist (jammern).
- Wie schrecklich das ist, wenn alles auf einmal kommt.
- Wie hundselend und überfordert ich mich dabei fühle.
- Ich zögere meist und ergreife ungern die Initiative.
- In einer schwierigen Situation brauche ich von anderen Menschen Rückendeckung.
- **Ich habe Angst davor, ausgenutzt zu werden.**

Beispiele für Egozentriker mit dieser Interessenstruktur: Der Zuverlässige, Zweifler, der Loyale, der Ambivalente, Traditionalist, Kumpel, Fundamentalist, der Sicherheitsbedürftige, Störenfried, Rebell, Querulant, Pessimist, Miesepeter, Skeptiker, Autoritätsgläubiger, der Verunsicherte, der notorische Verlierer, der Entscheidungsschwache, der Konfliktscheue, Quertreiber, der Furchtsame, Angsthase, Angstbeißer.

Michaels Kommentar:

Der Traditionalist kommt mir vor wie ein Stammesmensch. Man ordnet sich dem Altbewährten unter und hat im Zweifelsfall eine Autoritätsperson, die einem hilft. Die perfekte Mischung aus Geborgenheit und Sicherheit. Also sorge ich dafür, dass sich der Traditionalist sicher fühlt und achte auf vertrauensbildende Maßnahmen. Das beruhigt ihn und er kann seine besten Seiten entfalten. Und als Krönung gebe ich ihm das Gefühl, dazuzugehören. Dann gibt's wenig Grund zur Sorge.

Kapitel 11:
Zum Einprägen – PbI Lebenskünstler

LEBENSLUSTORIENTIERUNG: GRUNDMUSTER SIEBEN – ICH BIN GLÜCKLICH!

Grundmotivation:

Die SIEBEN möchte glücklich sein und Schmerz, Mangel sowie Langeweile vermeiden. Sie will Spaß haben und sich amüsieren. Sie will ständig in Bewegung sein.

Sekundärmotivation:

Sie will unterhalten werden und sich keinerlei Zügel anlegen lassen. Sie will alles sofort haben, was sie begehrt. Sie unterdrückt ihre Angst, indem sie ohne Rücksicht auf die Folgen immer in Bewegung bleibt und ihren spontanen Gelüsten nachgibt.

Vorlieben:

- die Abwechslung
- Abenteuer und Reisen
- Herumalbern
- den Charmeur spielen
- Projekte planen
- möglichst viel Spaß haben

Abneigungen:

- sich eingesperrt fühlen
- Verträge schließen und sich festlegen
- Langeweile
- Routine
- Schmerz

Versuchung:

Die Versuchung der SIEBEN besteht darin, durch Lust und Zerstreuungen der Angst vor Schmerz und Langeweile zu entgehen. Sie möchte, dass alle Menschen glücklich sind.

Vermeidung:

Sie unternimmt alles, um Schmerz, Mangel und Langeweile auszuweichen und zu vermeiden.

Grundbedürfnis:

Das Grundbedürfnis der SIEBEN besteht darin, glücklich und zufrieden zu sein.

Grundnot:

Irgendwie fühlt sie sich auf dieser Welt nicht sicher.

Grundangst:

Die SIEBEN hat eine Schieflage in ihrem Bedürfnis nach Sicherheit. Die sich bei ihr daraus ergebende Angst vor Schmerz und Langeweile wird durch ständige Aktivitäten unterdrückt. Sie kann diese Angst nicht ertragen, will sich mit ihr nicht auseinandersetzen und unterdrückt sie durch Zerstreuungen und Aktivitäten in der Außenwelt. Doch sie entkommt ihr nicht.

Stressauslöser:

Stress entsteht für die SIEBEN, wenn es ihr mit allen ihren Aktivitäten und Vergnügungen nicht gelingt, Situationen zu vermeiden, in denen sie Schmerz, Verlust oder Langeweile wahrnehmen muss.

Selbstoffenbarung

- **Schwatzhafter und erzählender Redestil**
- **Ich bin ein glücklicher und leidenschaftlicher Mensch!**
- Ich war als Kind bettelarm und habe **wenig Fürsorge** erhalten.
- Ich will **glücklich** sein, **Spaß** haben und mich **amüsieren.**
- Bindungen vermeide ich. **Ich lege mich nicht gern fest.**
- Man lebt nur einmal – aber wenn man es richtig macht, genügt das.
- **Don't worry, be happy.**
- Ich will etwas erleben und alles **genießen.**
- **Schmerz kenne ich nicht, Probleme gibt es nicht für mich.**
- Ich habe viel Phantasie und **sprühe vor Lebensfreude.**
- Ich bin ein unverbesserlicher **Optimist.**
- Ich bin **charmant** und humorvoll.
- Glück und **Lust** sind mir eine Freude.
- Ich bin ein **Lebenskünstler.**
- Ich arbeite freiberuflich oder als Pilot, Stewardess oder Fotograf.
- **Schmerz, Langeweile oder Mangel kenne ich nicht.**
- Ich stecke voller Idealismus und **Zukunftsplänen.**
- Ich bin wie ein **Schmetterling,** der von Blüte zu Blüte flattert.
- Negative oder schmerzhafte Erfahrungen verdränge ich einfach.
- Ich brauche ständig **Abwechslung, Stimulation** und neue Erfahrungen.

- Ich brauche meinen **Adrenalinschub** und habe **Champagner im Blut.**
- Ich schaffe mir meine eigene **lustbetonte** Wirklichkeit.
- Ich kann mich gar nicht so schnell **amüsieren,** wie ich gerne möchte.
- Ich rede gern Vergangenes schön und glorifiziere Erinnerungen.
- Bedrückendes, Unangenehmes, Schmerz oder Mangel blende ich aus.
- Ich bin eine lebenszugewandte **Frohnatur,** die immer **gute Laune** verbreitet.
- Ich bin **begeisterungsfähig** und sehr **spontan.**
- **Materieller Besitz** ist mir wichtig, um mir die Vergnügungen leisten zu können.
- Manchmal bin ich extravagant und großspurig, **ausschweifend und zügellos.**
- Sei doch nicht so schrecklich vernünftig.
- Das Leben ist hier und jetzt.
- Was weiß ich denn heute, wie mir Freitag zumute ist.
- Ja, ja, jetzt müssen wir mal von Dir sprechen: Wie gefällt Dir mein neues Buch?
- Ich habe etwas von einem **Märchenerzähler** und **Entertainer** an mir.
- Ich lasse mich gern gehen und kenne keine Grenzen.
- Ich bin wie das Wetter: veränderlich.
- Ich bin positiver und **enthusiastischer** als viele meiner Freunde.
- Ich bin mitteilsam und gesellig.
- Ich brauche **Anregungen** und **Spannung.**
- Meine Wünsche drücke ich offen aus.
- Ich spreche offen über mein Privatleben.
- Ich bin **abenteuerlustig** und **risikofreudig.**
- Ich mag **Vielfalt** und bin auf immer **neue Erfahrungen** aus.

Beispiele für Egozentriker mit dieser Interessenstruktur: Lebenskünstler, Trendsetter, der Unersättliche, Enthusiast, Tausendsassa, Entertainer, Optimist, Frohnatur, Märchenerzähler, der Lebenslustige, das Multitalent, der Exzessive, der Hyperaktive, Epikureer, Hedonist.

Michaels Kommentar:

Der Lebenskünstler braucht Ablenkung. Die Angst vor Schmerz, Mangel und Langeweile sitzt tief und treibt ihn an. Um den Lebenskünstler zu entspannen, muss ich dafür sorgen, dass er Spaß hat. Und wenn man sich schon mit Problemen beschäftigen muss, dann doch bitte auf unterhaltsame Art. Ein freudvolles Leben für das Entertainment. Ich denke, dass es schlechtere Einstellungen gibt.

Kapitel 12: Zum Einprägen – PbI Machtmensch

MACHTORIENTIERUNG: GRUNDMUSTER ACHT – ICH BIN STARK!

Grundmotivation:

Die ACHT möchte unabhängig sein und im eigenen Interesse handeln. Sie will ihre Umgebung beeinflussen und die Beziehungen zu ihren Mitmenschen beherrschen.

Sekundärmotivation:

Wettbewerbsorientiert will die ACHT ihre Fähigkeiten unter Beweis stellen. Sie will ihre Umgebung dominieren und Macht ausüben, dabei ihre Vorstellungen und Meinungen durchsetzen, bei ihren Feinden gefürchtet sein und um ihr Überleben kämpfen.

Vorlieben:

- Ungerechtigkeiten beheben
- Schwache schützen
- spontan handeln
- ihre Kraft unter Beweis stellen
- Macht ausüben
- Wettbewerb

Abneigungen:

- alles Unklare
- alles Weiche
- Menschen, die heucheln oder intrigieren
- Abhängigkeit
- Widerspruch

Versuchung:

Die Versuchung der ACHT ist ihr Kampf für Gerechtigkeit. Aber es ist immer ihre eigene Gerechtigkeit; ihr Anspruch, gut und böse, gerecht und ungerecht objektiv erkennen zu können. Rache und Vergeltung sind ihre Hilfsmittel, die Waage dessen, was sie für Gerechtigkeit hält, wieder in die Balance zu bringen.

Vermeidung:

Die ACHT vermeidet Hilflosigkeit, Schwäche und Unterlegenheit. Sie hat einen Hang zur Überheblichkeit und Rechthaberei, nur um nicht schwach zu wirken.

Grundbedürfnis:

Das Grundbedürfnis der ACHT besteht darin, ihre Selbständigkeit unter allen Umständen zu erhalten. Dazu versucht sie, die Welt nach ihren Vorstellungen und ihrem Willen zu formen.

Grundnot:

Ihre Autonomie ist auf dieser Welt nicht selbstverständlich gewährleistet.

Grundangst:

Die ACHT hat eine Schieflage im Bedürfnis nach Autonomie. Daraus ergibt sich ihre Grundangst, sich anderen Menschen unterordnen zu müssen. Dies scheut die ACHT wie der Teufel das Weihwasser. Denn wenn sie anderen ausgeliefert ist, so fürchtet sie, werden diese sie genauso gnadenlos behandeln, wie sie selbst dies tun würde. Sie fürchtet sich vor der Rache und Vergeltung derer, die sie selbst rücksichtslos behandelt hat.

Stressauslöser:

Unter Stress gerät die ACHT, wenn es ihr mit Aggressivität und Angriffslust nicht gelingt, die Hindernisse, welche sich ihr in den Weg stellen, zu überwinden. Noch kritischer wird es für sie, wenn sie sich von Menschen, die sie für Freunde hielt, hintergangen oder menschlich enttäuscht fühlt.

Selbstoffenbarung

- **Herausfordernder und demaskierender Redestil.**
- **Ich bin ein starker und selbstbewusster Mensch!**
- Bereits als Kind habe ich gelernt, meine Bedürfnisse **durchzusetzen.**
- Sehr früh habe ich erkannt, dass **Stärke** mein Überlebenskonzept ist.
- Ich bin **unabhängig** und handle in meinem eigenen Interesse.
- Mein Bestreben ist es, meine Umgebung zu beeinflussen und **Macht auszuüben.**
- Ich stehe immer unter Dampf und kenne nur **‚volle Pulle'.**
- **Meine Freunde beschütze ich, meine Feinde werden bekämpft.**
- Lust und Leidenschaft zum **Revierkampf** zeichnen mich aus.
- Andere sagen mir schon mal nach, dass ich **grenzverletzend** und **ausdehnend** sei.
- Ich bin voller **Selbstvertrauen** und Stärke.
- Ich **kontrolliere die Beziehungen** zu meinen Mitmenschen.
- Ich bin **machtorientiert.**

- Ich bin **Geschäftsmann, Finanzier, Abenteurer,** manchmal Therapeut, **Jäger,** Angler, Sportler oder Bergsteiger.
- Ich liebe **Konfrontationen**, bin **kämpferisch** und **streitlustig.**
- Ich bin voller **Unternehmungsgeist** und **Abenteuerlust.**
- Tu, was ich Dir sage, sonst werde ich Dich **bestrafen,** wenn Du mir nicht gehorchst.
- Auf mein Wort kann man sich verlassen.
- Was mir nicht gefällt, spreche ich **offen und direkt** an.
- Ich habe ein gutes Gespür für Wahrhaftigkeit und Gerechtigkeit.
- Ich vertrage keine andere **Macht** und **Autorität**.
- **Kampf und Auseinandersetzungen** machen mir Spaß.
- Diplomatisches Verhalten ist mir unbekannt.
- Ich kenne nur Freund oder Feind, gut oder böse, stark oder schwach.
- Meine Meinungen, Ideen und Vorstellungen setze ich durch.
- Bei Feiern gehöre ich zu den Letzten, die ins Bett gehen.
- Ich lasse mir nichts gefallen.
- Ich schlage zurück. Ich zeige den anderen, wer das Sagen hat.
- Das macht man so und nicht anders.
- Du musst jetzt aber ...
- Du kannst doch nicht einfach ...
- Reiß Dich zusammen, bewahre Haltung.
- Ich übernehme bereitwillig die **Führung** und habe keine Probleme, zu **entscheiden.**
- Ich vermeide es, anderen Menschen meine Schwächen zu zeigen.
- Ich bin wie ein Fels: **solide und fest.**
- Ich bin immer **Herr der Lage.**
- Ich ergreife die Initiative und **setze meinen Willen durch.**
- Ich will mehr **Macht und Einfluss** gewinnen.
- Das Leben ist ein **Kampf,** aber mit **Mut** lässt sich **Großes schaffen.**
- Wenn ich wütend bin, brülle ich los und gebe den anderen ordentlich Bescheid.

Beispiele für Egozentriker mit dieser Interessenstruktur: Machtmensch, Revierbesitzer, Diktator, Patriarch, Abenteurer, Unternehmer, Brummbär, Kämpfer, Grobian.

Michaels Kommentar:

Gerechtigkeit klingt gut. Allerdings ist es schwierig, wenn es grundsätzlich die eigene Gerechtigkeit ist. Und genau das ist der Fall, wenn man einen Machtmenschen vor sich hat. Es bringt nichts, ihn vom Gegenteil zu überzeugen. Er reagiert nur mit Kampf. Es geht ihm um Autonomie. Ich sollte keinen Widerstand leisten, um den Machtmenschen nicht zu reizen, ich sollte ihn nicht hintergehen. Auf den Punkt gebracht: Ich achte darauf, dass er sich nicht hilflos oder schwach fühlt. Das wäre nämlich ungefähr so, als wenn ich einen Diktator zwinge, in Unterhosen vor das Volk zu treten. Wenn wir gemeinsame Interessen entdecken, ist er ein wertvoller Verbündeter.

Kapitel 13: Zum Einprägen – PbI Schiedsrichter

HARMONIEORIENTIERUNG: GRUNDMUSTER NEUN – ICH BIN ZUFRIEDEN!

Grundmotivation:

Die NEUN möchte die Dinge in ihrem aktuellen Zustand belassen. Sie sucht die Einheit mit den Mitmenschen, will Konflikte und Spannungen vermeiden und geht unangenehmen Situationen aus dem Weg. Sie sucht Harmonie um jeden Preis.

Sekundärmotivation:

Sie will Harmonie und Frieden, Streit schlichten und Menschen zusammenführen. Damit sie nicht aus ihrer Ruhe kommt, will sie alles so erhalten, wie es ist. Sie beschönigt Probleme, leugnet alles ab, was konflikthaft ist und womit sie sich auseinandersetzen müsste.

Vorlieben:

- Stille, Harmonie, Bequemlichkeit
- die Natur
- Routine und feste Zeiteinteilungen
- Kompromisse
- den anderen zuhören
- sich Zeit zum Leben zu nehmen

Abneigungen:

- Stellung beziehen
- sich streiten
- nein sagen
- die Ungeduld der Mitmenschen spüren

Versuchung:

Die Versuchung der NEUN besteht in der Selbstaufgabe. Das eigene Ich wird unterdrückt, um für andere Menschen empfänglich zu sein.

Vermeidung:

Die NEUN vermeidet Konflikte. Sie weigert sich beharrlich, etwas zur Veränderung einer Situation beizutragen. Sie rührt sich nicht vom Fleck und hofft, der Konflikt werde sich von selbst auflösen. Ihre Mittel hierzu sind aussitzen und sich zurückziehen.

Grundbedürfnis:

Das Grundbedürfnis der NEUN besteht darin, sich mit anderen Menschen zu vereinen. Seit ihrer Kindheit hat sie sich ihr Selbstgefühl dadurch erhalten, dass sie sich immer wieder mit anderen Menschen identifiziert.

Grundnot:

Ihre Autonomie ist auf dieser Welt nicht selbstverständlich gewährleistet.

Grundangst:

Auch die NEUN hat eine Schieflage in ihrem Bedürfnis nach Autonomie. Sie löst dies, indem sie sich mit anderen Menschen identifiziert und damit ihre eigene Autonomie aufgibt. Daher fürchtet sie auch am meisten die Trennung von den Menschen, mit denen sie sich identifiziert hat. Und jede Veränderung trägt dieses Potential in sich.

Stressauslöser:

Ein von außen auf sie zukommender Druck, eine eigenständige Position beziehen zu müssen und daraus Handlungskonsequenzen abzuleiten, bedeutet für die NEUN Stress. Darüber hinaus Konflikte und jede Art von Auseinandersetzung.

Selbstoffenbarung

- **Monotoner und abschweifender Redestil.**
- **Ich bin ein friedliebender und unbekümmerter Mensch!**
- Meine Kindheit war eine **idyllische Zeit.**
- Meine emotionalen Bedürfnisse sind von meinen Eltern immer erfüllt worden.
- Ich will **Harmonie und Frieden** um jeden Preis.
- Konflikte und Spannungen vermeide ich.
- Mit meinen Mitmenschen suche ich die **Übereinstimmung.**
- Unangenehmen Situationen gehe ich aus dem Wege.
- Ungern übernehme ich die Initiative.
- Ich bin **vielseitig und anpassungsfähig.**
- Ich lasse mich nicht so leicht aus der **Ruhe** bringen.
- **Friedfertigkeit** ist mein Markenzeichen.
- Manchmal wirke ich **bequem** und **träge.**
- Ich bin ein guter **Friedenstifter.**
- Ich vermeide es, Aufmerksamkeit auf mich zu ziehen.
- Konflikte ignoriere ich oder **ich sitze sie aus.**
- **Es fällt mir schwer, Entscheidungen zu treffen.**
- Ich bin ein guter **Integrator, Vermittler** oder **Moderator.**
- Ich erwecke **Vertrauen.**

- Mit meiner **friedlichen Ausstrahlung** entwaffne ich so manche Konfliktpartei.
- Lass mich doch ganz für Dich da sein.
- Ich selbst bin unwichtig – nur im Einsatz für andere bin ich nützlich.
- **Maßgeblich bist Du.**
- Ich weiß, es ist eine dumme Frage, aber ich wollte mich mal erkundigen ...
- Leider bin ich schrecklich ungebildet ...
- **Es tut mir leid,** dass ich Ihre kostbare Zeit ...
- Um Himmels willen nur **keinen Streit.**
- Du bist großartig. Ich bin nur ein kleines Würstchen.
- Ich bin ein **stilles Wasser** mit Tiefgang.
- Ich habe ein tiefes Verlangen, **anderen Menschen nahe** zu sein.
- Meine Mitmenschen scheinen mich ganz von selbst gern zu haben.
- Ich denke mich oft in andere Menschen hinein.
- Ich neige zur **Zurückhaltung.**
- Auf den ersten Blick mache ich einen **sonnigen, unbekümmerten Eindruck.**
- Ich will **zufrieden sein** und meine **Ruhe haben.**
- Wer nur an sich denkt, wird einmal einsam und unglücklich sein.
- Wenn mir etwas auf die Nerven geht, **schalte ich einfach ab.**
- Ich fühle mich in Gesellschaft anderer Menschen wohl.
- Manchmal hänge ich **Tagträumen** nach.
- Ich habe Angst vor Konflikten.
- Ich habe keine persönlichen Ambitionen, aber für meine Lieben arbeite ich hart.
- In mir kann man lesen wie in einem offenen Buch.

Beispiele für Egozentriker mit dieser Interessenstruktur: der Friedliebende, Integrator, Vermittler, Schiedsrichter, der Passive, der Fatalist, der Resignierte, der Harmoniesüchtige, Tagträumer.

Michaels Kommentar:

Der Schiedsrichter will Harmonie, selbst wenn es seine eigene Selbstaufgabe bedeutet. Genau wie beim Machtmensch ist seine Autonomie gefährdet. Nur wählt der Schiedsrichter genau den anderen Weg: Er verbindet sich mit anderen, anstatt sie zu überwinden. Jede Form von Trennung, jeder Gedanke daran verursacht Angst. Deshalb verursacht die Notwendigkeit, Position beziehen zu müssen, auch maximalen Stress. Ich werde den Schiedsrichter also, wenn möglich, aus Konflikten raushalten. Verbindende Maßnahmen, das Gefühl vereint zu sein, helfen dabei, dass er sich entspannen kann. Und der Wunsch, Harmonie umzusetzen, ist ja an sich auch nichts Schlimmes.

Kapitel 14: Konflikte und Konfliktbewältigung

Ob sie es wollen oder nicht, ob sie es wissen oder nicht, ob sie es akzeptieren oder nicht: Jeder Mensch und damit auch jeder Egozentriker hat eine Interessenstruktur. Die neun wesentlichen haben wir gerade kennengelernt. Aus diesen unterschiedlichen Interessenstrukturen ergeben sich ganz natürlich Interessengegensätze oder auch Interessenkonflikte. Wer die Interessenstrukturen von Egozentrikern kennt, kann die Interessenkonflikte mit ihnen besser bewältigen als der Unkundige. Das Erkennen und das Bewältigen von Interessenkonflikten ist die maßgebliche Schlüsselqualifikation im Umgang mit Egozentrikern.

„Was ist das denn überhaupt: ein Konflikt?" werden jetzt viele fragen. Sie sind als Problemlöser ausgebildet und dort bewegen sie sich nur auf der Sachebene. Auf der Beziehungsebene kennen sie sich nicht besonders gut aus, ignorieren diese sogar und projizieren jeden Konflikt in der Beziehungsebene als Problem in die Sachebene. Tatsächlich handelt es sich bei dieser Projektion um eine Kategorienverwechselung, welche ihnen aber nicht bewusst ist.

Beginnen wir also ganz vorn mit der Begrifflichkeit. Wikipedia spricht von einem Interessenkonflikt im weiteren Sinn, wenn eine Situation dem Einfluss von einander widerstrebenden Faktoren unterliegt und zwischen ihnen ausgewogen reguliert werden soll. Ein Interessenkonflikt im engeren Sinn ist eine spezielle Konfliktsituation, in der ein sachlicher Widerspruch nach Vermeidung verlangt. Er kann aus organisatorischen oder ethischen, meist berufsethischen Gründen, nicht hingenommen werden, da er sich kontraproduktiv im Sinne höher angesehener Werte, Interessen oder Ziele auswirkt.

Wenn wir hier über einen Konflikt sprechen, meinen wir einen Interessenkonflikt im weiteren Sinne. Dabei interessiert uns hier zunächst das Grundelement so eines Interessenkonfliktes: Es besteht aus zwei Personen und einer Situation. Die Bandbreite reicht dabei von einer Meinungsverschiedenheit bis zum handfesten Streit. Das Wesentliche so eines Konfliktes ist, dass beide Personen, auch wenn sie gegensätzliche Standpunkte vertreten, aus ihrer Interessenstruktur heraus Recht haben! Insofern kann ein derartiger Konflikt auch nicht logisch/sachlich gelöst werden, sondern nur interessengerecht. Es gibt also nicht die eine logische Problemlösung auf der faktenorientierten Sachebene, sondern viele mögliche interessengerechte Lösungen auf der Beziehungsebene. Jede Lösung, bei der alle Beteiligten zustimmen, ist eine derartige Konfliktlösung. Voraussetzung für eine interessengerechte Lösung eines Konfliktes ist es, ein Verständnis für die eigene Interessenstruktur und für die des Gegenübers zu entwickeln.

Allerdings kann es auch sein, dass die Beteiligten keine derartige Lösung finden können oder wollen. Nicht jeder Konflikt ist lösbar, nicht jeder Streit kann interessengerecht beigelegt werden. Aber doch die große Mehrzahl.

Ein Beispiel für Konflikte

Peter Perfekt ist Inhaber eines kleinen Bankhauses in Berlin. Es existiert bereits in der dritten Generation. Peter ist 68 Jahre alt. Sein Sohn Willi, 39 Jahre alt und bei einer Großbank ausgebildet, ist seit einem Jahr Leiter des Firmenkundengeschäftes beim Bankhaus Perfekt. Der Generationenwechsel ist angesagt. Die Bilanzsaison naht. Peter verlangt von Willi, dass der sich über Ostern die eingegangenen Bilanzen ansieht. Das hat er auch immer gemacht. Willi will über Ostern mit seiner Familie in Urlaub fahren. Außerdem will er das Durchsehen der Bilanzen delegieren. Das hat er während seiner Ausbildung gelernt. Dazu müsste aber jemand eingestellt werden. Das will Peter nicht. ***Ein handfester Interessenkonflikt liegt vor: Selbermachen gegen Delegieren.*** *An solchen oder ähnlichen Konflikten scheitern die meisten Generationenwechsel.*

Auf der Sachebene zeigt sich ein uraltes Thema: Delegieren versus Selbermachen. Durch die beiden beteiligten Personen, welche gemäß ihrer individuellen Interessenstruktur argumentieren und agieren, wird es zu einer völlig neuen Situation und ist damit immer wieder aufs Neue brandaktuell. Beide Seiten haben Recht. Nur: Das nützt ihnen nichts. Wenn Peter und Willi diesen Konflikt nicht interessengerecht beilegen, kann er eskalieren und den gesamten Generationenwechsel gefährden.

Die Werkzeuge des Problemlösers

Schauen wir uns an, welches Instrumentarium der Problemlöser zur Verfügung hat. Er kann

- den Konflikt verdrängen oder ignorieren
- den anderen dominieren
- dem anderen nachgeben
- ausgleichen – dies führt zu einem faulen Kompromiss
- die andere Meinung integrieren – dies führt zum kleinsten gemeinsamen Nenner
- sachlich diskutieren – dies führt zum Verstehen und schließlich zur Problemlösung

Keine dieser sechs Vorgehensweisen kann den Konflikt zwischen Peter und Willi lösen. Für diesen uralten und ewig wieder jungen Konflikt gibt es nicht die eine Sachlösung. Es gibt viele mögliche Lösungen. Diese müssen nur die bewussten oder unbewussten Interessen (wir befinden uns auf der Beziehungsebene) der beiden beteiligten Personen befriedigen. Um eine derartige interessengerechte Lösung zu finden, muss sich mindestens einer der beiden Beteiligten oder ein Vermittler intuitiv oder bewusst mit den Interessenstrukturen von Peter und Willi auskennen.

Die Konfliktlösung

Praktischerweise kennt sich Willi in unserer Situation gut mit dem Lösen von Konflikten aus. Er führt ein vereinfachtes Interessendiagramm durch. Dazu spricht er mit seinem Vater, der ein Perfektionist durch und durch ist. Willi selbst ist mehr der imageorientierte, der lieber einen Neukunden akquiriert als eine Bilanz liest. Danach führt er ein Gespräch mit seiner jüngeren Schwester, die noch in der Ausbildung steckt, aber nächstes Jahr auch in das Bankhaus Perfekt eintreten wird. Die Schwester ist wie der Vater: ordnungsliebend, genau und perfektionistisch. Sie würde gerne das Bilanzlesen schon jetzt übernehmen und Willi dabei zuarbeiten. Als Willi seinem Vater diese Lösung vorstellt, ist Peter Perfekt sofort einverstanden. Willi hat damit eine interessengerechte Konfliktlösung gefunden. Alle Beteiligten sind mit der Lösung zufrieden.

Patentlösungen?

Nun verstehen wir natürlich, dass diese Lösung nicht die Patentlösung zum Thema ‚Selbermachen versus Delegieren' ist. Dennoch veranschaulicht die Vorgehensweise den Prozess beim Bewältigen von Konflikten. Das Thema wird zunächst auf der Interessenebene behandelt und auftretende Interessenkonflikte werden gelöst. Dies ist dann die Voraussetzung für die Erarbeitung einer Lösung auf der Sachebene. Das Thema ‚Delegieren versus Selbermachen' ist nicht für alle Zeiten gelöst. Es wird mit neuen Personen und deren Interessenstrukturen immer wieder kommen und immer wieder neue Konflikte erzeugen.

Die Standardsituation mit zwei Personen ist für das Interessendiagramm eine ziemlich einfache Konfliktsituation. Aber für unser Thema, den Umgang mit Egozentrikern, ist es in seiner vereinfachten Form gut geeignet. Im betrieblichen Alltag gibt es komplexere Situationen mit mehr beteiligten Entscheidungsträgern. Die Standardthemen hierzu sind Projekte. Immer wieder treten in Projekten Konfliktsituationen auf. Wenn diese nicht zufriedenstellend gelöst werden, scheitern die Projekte an diesen ungelösten Interessenkonflikten. Wie wir an der hohen Misserfolgsquote von 60 bis 70 %[3] erkennen können, geschieht das viel zu häufig.

Für den Einsatz in Projekten steht das Interessendiagramm mit Machtprofil, Interessenprofil und Interessenübersicht zur Verfügung. Wir stellen es an anderer Stelle[4] mit Fallbeispielen ausführlich vor. Die Erfahrung zeigt, dass mit dem Einsatz des Interessendiagramms die Misserfolgsquote auch in besonders komplexen und schwierigen Projekten[5] auf unter 20 % gedrückt werden

[3] Siehe Artikel ‚Tabu: Misserfolgsquote von Projekten' auf www.pbi-institut.org

[4] Siehe ‚Das Interessendiagramm' auf www.pbi-institut.org

[5] Siehe Kapitel 1 von Hinz: Prozessorientiert FÜHREN.

kann. Betriebswirtschaftlich sprechen wir hier von einem Produktivitätspotenzial im dreistelligen Milliardenbereich (Euro) in Deutschland pro Jahr.

Hier werden wir uns beim Umgang mit Egozentrikern auf die Standardsituation mit zwei beteiligten Personen konzentrieren.

Michaels Kommentar:

Was ist eigentlich ein Konflikt? Im Grunde ist das doch nichts anderes als ein Widerspruch zwischen zwei (oder mehr) Überzeugungen, der als störend empfunden wird. Und genau deshalb versucht man zuerst herauszufinden, wie die Überzeugung des anderen aussieht. Und dann schaut man, welches Interesse dahintersteckt, was mein Gegenüber wirklich antreibt. An diesem Punkt habe ich früher immer viele Vermutungen angestellt. Jetzt brauche ich nur noch herauszufinden, was für ein Typ mein Gegenüber ist, dann kenne ich seine Interessen, seinen Antrieb. So kann ich eine Win-win-Situation erreichen. Und genau das ist doch eigentlich Konfliktbewältigung.

Kapitel 15: Das Interessenblatt

Für den Umgang mit Egozentrikern haben wir ein Werkzeug entwickelt, welches uns ermöglicht, die beteiligten Interessenstrukturen in Konfliktsituationen transparent zu machen. Danach fordert es zur Suche nach gemeinsamen Interessen auf. Dieses Werkzeug, Interessenblatt genannt, ist bewusst einfach gestaltet und passt auf eine Seite.

Das zugrundeliegende Prinzip wird in der nachfolgenden Abbildung 15.1 dargestellt.

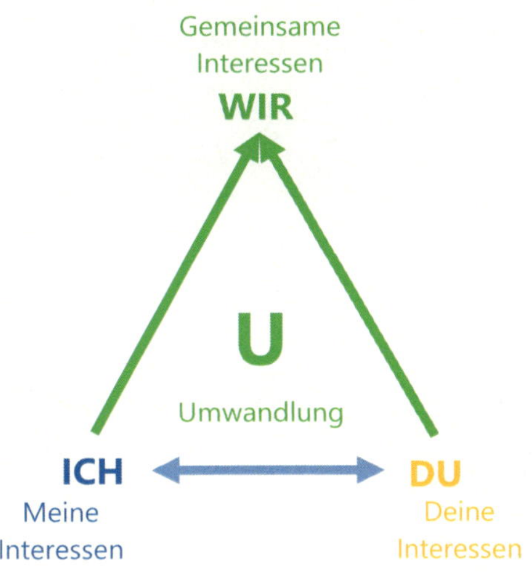

Abbildung 15.1 Die Umwandlung von Interessen

Das Interessenblatt (siehe Abbildung 15.2) hat in seinem Zentrum die Abbildung 15.1 als Ausgangspunkt und zur Erinnerung an das Prinzip.

Die Basisarbeit besteht darin, sowohl für „Meine Interessen" als auch für „Deine Interessen" das Grundmuster, die vordergründigen Interessen und die tiefere Interessenstruktur (PbI) herauszufinden. Diese werden durch den Stressauslöser ergänzt. Den benötigen wir, um unseren Gesprächspartner nicht unter Stress zu setzen. Denn dann wäre er nur noch damit beschäftigt, mit Hilfe seiner Abwehrmechanismen an der Stressvermeidung zu arbeiten. Eine konstruktive Fortsetzung des Gespräches wäre dadurch blockiert.[6] Als Grundlage dieser Basisarbeit dienen die PbI aus den vorausgegangenen Kapiteln.

Mit den vorliegenden Informationen kann nun an einer einvernehmlichen Konfliktlösung gearbeitet werden. Wie das geht, sehen wir uns an Fallbeispielen aus dem persönlichen und aus dem beruflichen Bereich an. Wir beginnen mit unseren drei Eingangsgeschichten.

---

[6] Siehe Artikel ‚Stress und Stressabwehr' auf www.pbi-institut.org

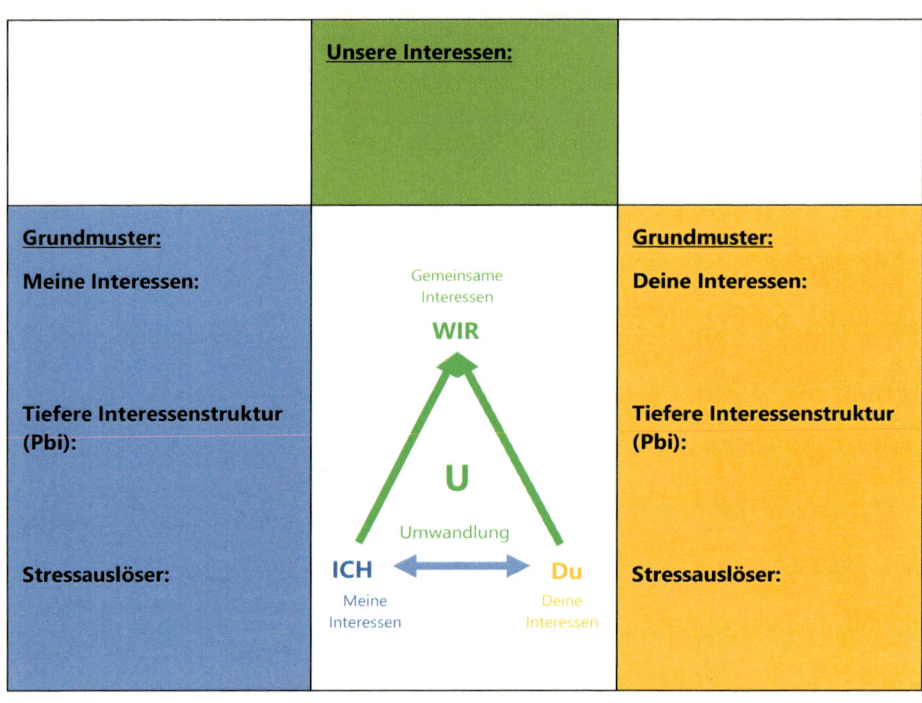

Abbildung 15.2 Das Interessenblatt

Die Künstlerin

Svens Frau ist Künstlerin. Sie malt und kümmert sich um ihre Selbstverwirklichung. In ihren farbenfrohen Kleidern sieht sie wirklich gut aus. Sven stört allerdings sehr, dass sie ständig an ihm herumnörgelt. Nie kann er es ihr rechtmachen. Besonders schlimm ist für ihn, dass ihr Nörgeln nicht auf den Privatbereich beschränkt ist, sondern sich auch in der Öffentlichkeit fortsetzt. Von seinen Bekannten ist er schon mehrfach auf dieses ungebührliche Verhalten seiner Frau angesprochen worden. Er beschließt, vernünftig und sachlich mit ihr über das Problem zu reden. Das Gespräch entwickelt sich sehr emotional und die Wogen schlagen hoch. Nach dem Gespräch verlässt seine Frau die Wohnung und reicht später auch die Scheidung ein. Mit so einem Langweiler will sie nichts mehr zu tun haben.

Geben wir Sven noch einen zweiten Versuch. Er benutzt dazu das Interessenblatt.

Unsere Interessen:
Ich liebe meine Frau und möchte sie nicht verlieren. Ganz tief in ihr ist die Angst, verlassen zu werden. Am besten gehe ich mit ihr um, indem ich ihr die Liebe und Anerkennung gebe, die sie braucht. Bei einer passenden Gelegenheit weise ich darauf hin, dass Kritik in der Öffentlichkeit unter Eheleuten doch sehr gewöhnlich ist.

Grundmuster:
FÜNF – Der Denker

Meine Interessen:
Ich will nicht von meiner Frau in der Öffentlichkeit kritisiert werden.

Tiefere Interessenstruktur (Pbi):
Ich habe eine Abneigung gegen emotionale Ausbrüche und ich vermeide es, mein Innerstes preiszugeben.

Stressauslöser:
Eine zu starke Einbeziehung oder eine emotionale Überforderung.

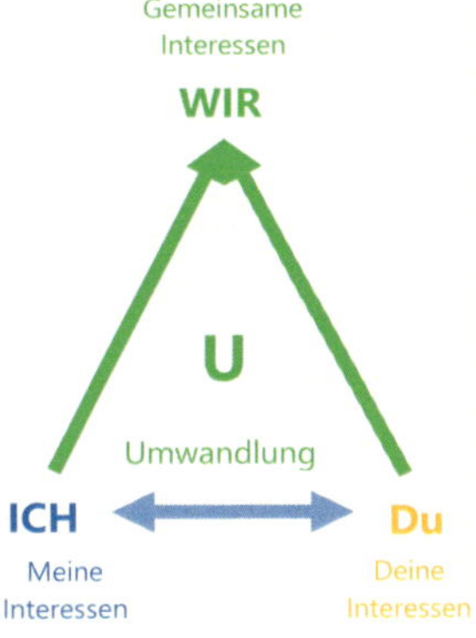

Grundmuster:
VIER – Der Individualist

Deine Interessen:
Die Gegenwart ist für Dich voller Mängel und da ich gerade verfügbar bin, kritisierst Du mich auch in der Öffentlichkeit.

Tiefere Interessenstruktur (Pbi):
Du vermeidest Gewöhnlichkeit. Weiter hast Du eine Schieflage beim Bedürfnis nach Liebe und Anerkennung.

Stressauslöser:
Wenn Dir nicht die Aufmerksamkeit entgegengebracht wird, die Du erhoffst. Oder noch schlimmer, Verlusterfahrung.

Die vordergründigen Interessen entnehmen wir der Situation, hier repräsentiert durch die Geschichte. Die tiefergründigen Interessen und der Stressauslöser werden aus den PbI entnommen. Die gemeinsamen Interessen sind das Ergebnis der kreativen Lösungssuche. Hier ist es die Absicht von Sven, bei passender Gelegenheit darauf hinzuweisen, dass Kritik in der Öffentlichkeit unter Eheleuten doch sehr gewöhnlich ist. Tatsächlich, das hat geklappt. Es gab eine Gelegenheit, bei der ein Mann seine Frau in aller Öffentlichkeit bloßgestellt und kritisiert hat. Sven hat dazu bemerkt, dass das sehr peinlich und auch sehr gewöhnlich sei. Seitdem ist an der Front Ruhe.

Der Freund

Sven hat einen Freund, den er schon aus Schultagen kennt. Der ist ein richtiger Angeber. Er erzählt immer, was für ein toller Kerl er ist. Welche Gegner er im Sport geschlagen hat. Welche beruflichen Erfolge er gefeiert hat. Wie wichtig er ist. Welche bekannten Persönlichkeiten er kennt. Das wird für Sven zunehmend lästig. Er beschließt, vernünftig und sachlich mit seinem Freund zu reden. Nach dem Gespräch ist die Freundschaft beendet. Sven kann nur froh sein, dass sein Ex-Freund sich nicht auch noch an ihm rächen will.

Geben wir Sven noch einen zweiten Versuch. Er benutzt dazu wieder das Interessenblatt.

Das mit dem Hinterfragen scheint zu klappen. Es signalisiert Interesse und kommt gut an. Als der Freund neulich wieder mit den wichtigen Personen, die er kennt, angeben wollte, hat ihn Sven gebeten, doch für ihn einen ganz bestimmten Kontakt zu vermitteln. Das kam nicht so gut an. Da ist Svens Freund dann kurzzeitig sehr kleinlaut geworden. Seitdem vermittelt er jetzt in den Gesprächen statt einer werbenden Imagebroschüre ein Faktenblatt. Darüber können sich beide sehr gut austauschen und Sven drückt seinen Respekt und seine Anerkennung für die erzielten Erfolge aus.

	<u>Unsere Interessen:</u> Ich will die Freundschaft nicht gefährden, aber die Angeberei auch nicht länger hinnehmen. Statt Bewunderung werde ich ihm Respekt und Anerkennung für seine Erfolge ausdrücken. Das ist besser als Applaus. Wenn er wieder angibt, werde ich nicht bewundern, sondern mich interessieren und hinterfragen. Das nimmt den Druck aus dem Kessel.	
<u>Grundmuster:</u> FÜNF – Der Denker **Meine Interessen:** Ich will, dass mich mein Freund mit seiner Angeberei verschont. Die ist mir lästig. **Tiefere Interessenstruktur (Pbi):** Ich will Wissen und Analyse, will beobachten und verstehen. Persönliche Eigenwerbung ist mir zuwider. **Stressauslöser:** Eine zu starke Einbeziehung oder eine emotionale Überforderung löst bei mir Stress aus.	 	**<u>Grundmuster:</u>** DREI – Der Erfolgsmensch **Deine Interessen:** Du willst bei jeder Gelegenheit herausstellen, was für ein toller Kerl Du bist und wie wichtig. **Tiefere Interessenstruktur (Pbi):** Deine Versuchung ist Deine Tüchtigkeit und die Sucht, dafür bewundert zu werden. Dahinter verbirgt sich allerdings eine tiefe Sehnsucht nach Liebe und Anerkennung. **Stressauslöser:** Wenn Dir die Mitmenschen nicht die Bewunderung und den Applaus geben, für die Du Deine Aktivitäten inszenierst.

Der Kollege

Ein Kollege von Sven ist ein richtiger Rechthaber und Besserwisser. Er weiß, wie alles sein muss. Gerade in Meetings ist er besonders unerträglich. Er muss immer das letzte Wort haben, immer Recht behalten. Das kostet auch enorm viel Zeit. Sven beschließt, mit seinem Kollegen ein vernünftiges und sachliches Gespräch über dessen Rechthaberei zu führen und das Problem aus der Welt zu schaffen. Das Gespräch führt zu keinem Ergebnis. Aber nach dem Gespräch behandelt sein Kollege Sven immer mit ganz harten Bandagen nach dem Motto „Ich mache keine Fehler, du machst die Fehler." Das macht er immer, wenn sich eine Gelegenheit dazu ergibt. Das Klima unter den Kollegen wird dadurch enorm vergiftet.

Geben wir auch hier Sven einen zweiten Versuch mit der Nutzung des Interessenblattes.

„Das übergeordnete gemeinsame Interesse ist sicherlich eine gute und produktive Arbeitsbeziehung. Beide wollen wir unsere Aufgaben erfolgreich bewältigen. Dazu gibt es Ziele und einen Unternehmenszweck, an denen wir uns beide messen lassen müssen.

Die Besserwisserei und die Rechthaberei werde ich nur schwer abstellen können. Ich muss unbedingt vermeiden, ihm einen Fehler nachzuweisen. Dann wandelt er Besserwisserei und Rechthaberei in nörgelnde Kritiksucht oder sogar Rachegelüste um. Aber ich kann ihn bereits im Vorfeld auf potenzielle Fehler aufmerksam machen. Ich kann ihn weiter darauf hinweisen, wie er Unvollkommenes bereinigen kann und wie er Ärger bereits im Vorfeld vermeiden kann. Mit diesen drei Steuerungselementen kann ich meinen Kollegen zur erträglichen Zusammenarbeit veranlassen und meine Vorstellungen verwirklichen."

Soweit die Gedanken von Sven. Er verhindert damit zwar die Besserwisserei und die Rechthaberei seines Kollegen nicht, kann aber eine gute und produktive Arbeitsbeziehung herstellen. Mit den drei Steuerungselementen Unvollkommenheit, Fehler und Ärger reagiert der Kollege tadellos auf Svens Vorstellungen. Da kann er ruhig Recht haben und besser wissen. Das stört Sven nicht mehr.

<table>
<tr><td></td><td><u>Unsere Interessen:</u>
Unser gemeinsames Interesse ist eine gute und produktive Arbeitsbeziehung. Unter keinen Umständen darf ich ihm einen gemachten Fehler nachweisen, aber auf potenzielle Fehler hinweisen. Auch, wie er Unvollkommenheit bereinigen und Ärger vermeiden kann.</td><td></td></tr>
<tr><td><u>Grundmuster:</u>
FÜNF – Der Denker

Meine Interessen:
Ich möchte mit meinem Kollegen eine kooperative Arbeitsbeziehung.

Tiefere Interessenstruktur (Pbi):
Ich will alles beobachten, alles verstehen, intellektuelle Gewissheit haben.

Stressauslöser:
Eine zu starke Einbeziehung oder eine emotionale Überforderung.</td><td>
</td><td><u>Grundmuster:</u>
EINS – Der Perfektionist

Deine Interessen:
Du willst immer das letzte Wort haben, willst immer Recht behalten.

Tiefere Interessenstruktur (Pbi):
Die Suche nach Vollkommenheit ist Deine Versuchung. Du vermeidest Fehler und Ärger. eine Versuchung ist Deine Tüchtigkeit und die Sucht, dafür bewundert zu werden. Dahinter verbirgt sich allerdings eine tiefe Sehnsucht nach Liebe und Anerkennung.

Stressauslöser:
Jede Unvollkommenheit löst bei Dir Stress aus. Weiter, wenn Mitmenschen Dir einen Fehler nachweisen.</td></tr>
</table>

Michaels Kommentar:

Das Interessenblatt macht das Üben viel leichter. Zuerst schreibe ich meinen Typ, meine Interessen, meine Bedürfnisse und meinen Stressauslöser auf. Das Gleiche mache ich dann mit meinem Gegenüber. So wird es viel einfacher, eine Lösung zu finden, die beiden Interessenstrukturen gerecht wird. Wenn ich so vor Augen habe, was dem Anderen und mir wichtig ist, finde ich zumeist eine Lösung, die passt. Am besten kopiere ich das Blatt und fülle es gleich für einen konkreten Fall aus. Übung macht den Meister.

Kapitel 16: Fallbeispiele aus dem beruflichen Umfeld

Es folgen fünf Fallbeispiele aus dem beruflichen Umfeld. Sie zeigen, dass mit dem hier vorgestellten Vorgehen im Umgang mit Egozentrikern nicht nur persönliche, sondern auch ganz handfeste berufliche Vorteile verbunden sind.

Fallbeispiel 1 – Die Firma

Peter Perfekt und Willi Wichtig sind zu gleichen Teilen Inhaber einer IT-Firma mit 50 Mitarbeitern. Das Geschäft läuft gut. Willi holt die Aufträge herein und Peter wickelt sie mit den Mitarbeitern ab. Sie ergänzen sich dabei ausgezeichnet.

Peter ärgert sich nur immer wieder, dass Willi in der Außendarstellung alle Lorbeeren für sich selbst einheimst. Willi ist ein richtiger Angeber. Peter hat doch einen genauso großen Anteil am Erfolg.

Die Spannungen nehmen immer mehr zu. Schließlich schlägt Peter vor, sich zu trennen. Sie beschließen, die Firma zu teilen und jeder seinen Weg selbst fortzusetzen. Gesagt, getan. Beide stellen nach einer Weile fest, dass ihnen die Ergänzung fehlt. Die beiden Firmen werden immer kleiner und bald werden sie aufgelöst.

Schauen wir uns an, ob Peter mit Einsatz des Interessenblattes möglicherweise auf eine andere Lösung kommt:

<table>
<tr>
<td></td>
<td><u>Unsere Interessen:</u>
Es geht um unsere Firma. Eifersüchteleien haben da keinen Platz. Ich werde zukünftig meinem Partner Willi den Respekt und die Anerkennung geben, die er für seine Vertriebserfolge verdient. Respekt und Anerkennung ist wertvoller als Bewunderung. Das wird Willi nur noch mehr anspornen und unsere Firma wird weiter florieren.</td>
<td></td>
</tr>
<tr>
<td><u>Grundmuster:</u>
EINS – Peter Perfekt

Meine Interessen:
Ich trage zur Hälfte zum Erfolg der Firma bei und möchte, dass das auch entsprechend gewürdigt wird.

Tiefere Interessenstruktur (Pbi):
Das Verhalten meines Partners empfinde ich als ungerecht.

Stressauslöser:
Jede Unvollkommenheit löst bei mir Stress aus.</td>
<td>
</td>
<td><u>Grundmuster:</u>
DREI – Willi Wichtig

Deine Interessen:
Du willst den Erfolg unserer Firma allein für Dich verbuchen.

Tiefere Interessenstruktur (Pbi):
Du willst für Deine Tüchtigkeit bewundert werden. Das ist für Dich wie eine Droge.

Stressauslöser:
Du hast Stress , weil ich Dir die Bewunderung, nach der Du so süchtig bist, verweigere.</td>
</tr>
</table>

Mit Einsatz des Interessenblattes wird Peter Perfekt klar, dass er seinem Partner mit seinem eigenen Verhalten Stress verursacht hat. Hier geht es nicht um Gerechtigkeit. Hier geht es darum, seinem Partner den Respekt und die Anerkennung zukommen zu lassen, die er so dringend braucht und für die er seine Imageaktivitäten inszeniert. Respekt und Anerkennung sind wertvoller als

Applaus oder Bewunderung. Nachdem Peter sein Verhalten umgestellt hat, gestaltet sich die Zusammenarbeit reibungslos und die Firma floriert weiter.

Fallbeispiel 2 – Der Dauerstress

Walter Wichtig ist Vertriebschef, Zach Zweifel ein junger Mitarbeiter in der Reklamationsbearbeitung. Dort laufen ja alle Fehler in der Vertriebsarbeit zusammen. Jedenfalls erlebt Zach das so. Er ist frisch von der Uni gekommen.

So ist es auch nicht verwunderlich, dass Zach eine negative Meinung zu der Leistung der Verkäufer entwickelt und immer mehr zum Nörgler und Querulanten wird. Als ein Vertriebsgebiet frei wird, steckt Walter Zach kommissarisch in dieses Gebiet. „Jetzt kann er sich beweisen", sagt er.

Zach ist natürlich überfordert, bringt wenig Aufträge herein und steht sichtlich unter großem Stress. Obwohl Walter die Symptome erkennt, handelt er nicht, sondern setzt das „Großmaul" im Vertriebsmeeting weiter unter Druck.

Am Montag früh erfährt er, dass sich Zach das Leben genommen hat. Er hat sich aus seiner Wohnung im sechsten Stock gestürzt, weil er dem Dauerstress nicht mehr gewachsen war. Eine zwischenmenschliche Katastrophe.

Für die gleiche Situation erstellt Walter Wichtig ein Interessenblatt und hat einen zweiten Versuch.

Er stellt fest, dass er Zach mit seinem eigenen Verhalten entsprechend dessen Interessenstruktur und Stressauslösern unter Dauerstress setzt und dieser die Situationen, in die er ihn gebracht hat, ohne seine Hilfe nicht bewältigen kann. Zach kommt gerade aus dem Studium und sucht für seine erste Stelle in einem Unternehmen eine Autoritätsperson, die ihm beibringt, was und wie es zu tun ist. Er will Verkaufen lernen, braucht dazu aber intensive Hilfe. Walter muss sich um ihn kümmern und darf ihn mit seinen Aufgaben nicht allein lassen. Er darf ihn nicht im Zustand des Dauerstresses belassen.

Nach dieser Erkenntnis führt Walter regelmäßige Abstimmungsgespräche mit Zach. Der blüht auf und setzt die vereinbarten Aktivitäten zuverlässig um. Nach einigen Monaten kann er sein Vertriebsgebiet selbständig bearbeiten. Er ist Walter sehr dankbar für dessen Unterstützung. Der Nörgler und Querulant ist zum zuverlässigen Mitarbeiter geworden.

<table>
<tr>
<td></td>
<td><u>Unsere Interessen:</u>
Zach kommt frisch von der Uni und sucht eine Autoritätsperson für seinen ersten Job. Ich muss mich viel mehr um ihn kümmern und darf ihn nicht mit seinen Aufgaben allein lassen. Er muss das Geschäft erst lernen und braucht dazu meine intensive Hilfe. Ich darf ihn nicht verheizen.</td>
<td></td>
</tr>
<tr>
<td><u>Grundmuster:</u>
DREI – Walter Wichtig

Meine Interessen:
In meinem Vertrieb will ich keine Nörgler und Querulanten haben. Das ist imageschädigend.

Tiefere Interessenstruktur (Pbi):
Ich will dafür bewundert werden, dass ich meinen Vertrieb leistungsfähig führe. Versagen gibt es bei mir nicht.

Stressauslöser:
Dieser Zach Zweifel bringt mir nicht die Bewunderung entgegen, die ich verdiene.</td>
<td>
</td>
<td><u>Grundmuster:</u>
SECHS – Zach Zweifel

Deine Interessen:
Du brauchst Hilfe; Du kannst die schwierige Situation nicht allein bewältigen.

Tiefere Interessenstruktur (Pbi):
Du brauchst eine Autoritätsperson, die Dir sagt, was Du machen sollst und wie Du es machen sollst.

Stressauslöser:
Wenn Du mit unerwarteten Veränderungen konfrontiert wirst, gerätst Du unter Stress. Wenn Du von einer Autoritätsperson zurückgewiesen wirst, ist das für Dich ganz schlimm.</td>
</tr>
</table>

Fallbeispiel 3 – Der neue Chef

Max Mächtig ist gerade Marketingleiter geworden. Die Stabsstelle Marketing Services ist mit Rita Ruhe besetzt. Sie hat noch zwei Jahre bis zur Rente vor sich. Von Anfang an setzt Max Rita unter Druck. Rita wird immer langsamer und ihre Ergebnisse werden immer schlechter. Als nach sechs Monaten ein Termin mit ihrem Chef ansteht, versucht Rita, das Gespräch aufzuzeichnen. Max merkt das, informiert den Personalchef und Rita wird fristlos entlassen. Max hat es darauf angelegt und auch geschafft.

Rita ist verwirrt und muss sich psychologisch behandeln lassen. Sie leidet und ist nun nicht nur arbeitslos, sondern außerdem für viele Monate krankgeschrieben. Max braucht ein halbes Jahr, bis die Stelle wieder besetzt ist. Dann dauert es noch weitere sechs Monate, bis die neue Mitarbeiterin komplett eingearbeitet ist.

Das Ganze war eine Belastung für das Unternehmen, eine Belastung für die sozialen Systeme und eine psychische Katastrophe für die Mitarbeiterin.

Geben wir Max die Gelegenheit, es noch einmal und besser zu machen.

	Unsere Interessen: Von Rita Ruhe bekomme ich weniger Leistung, als ich erwarte. Wenn ich sie aber unter Druck setze, dann bekomme ich überhaupt keine Ergebnisse mehr. Ich muss ihr genau vorgeben, was sie liefern soll. Sicher aber können wir uns darauf verständigen, dass sie einvernehmlich früher in Rente geht und ich diese Position dann in Ruhe nach meinen Vorstellungen besetzen kann. Da können wir beide planen.	
Grundmuster: ACHT – Max Mächtig **Meine Interessen:** Ich bin neu in der Aufgabe und will zeigen, wie gut ich das kann. **Tiefere Interessenstruktur (Pbi):** Ich will Macht ausüben und die Beziehungen zu meinen Mitmenschen beherrschen. **Stressauslöser:** Ich gerate unter Stress, wenn es mir mit all meiner Durchsetzungskraft nicht gelingt, die Hindernisse zu überwinden.	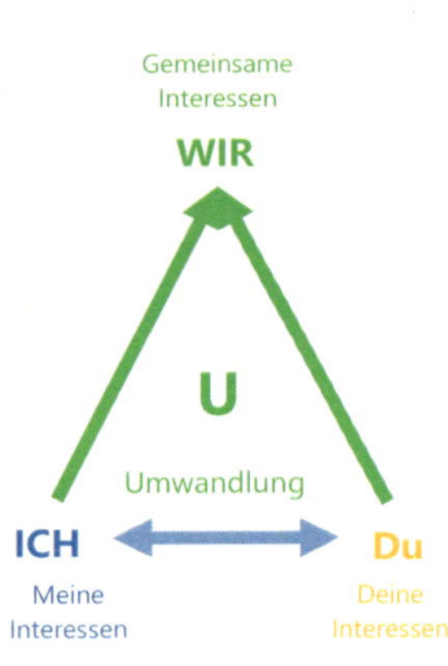	**Grundmuster:** NEUN – Rita Ruhe **Deine Interessen:** Du willst die letzten zwei Jahre Deines Berufslebens noch gut überstehen. **Tiefere Interessenstruktur (Pbi):** Du willst keine Konflikte und keinen Streit. Beides sitzt Du aus, wobei Deine Leistung dabei gegen Null geht. **Stressauslöser:** Druck, Konflikte und Auseinandersetzungen jeder Art lösen bei Dir Stress aus.

Max Mächtig ist ein noch junger Manager, der neu in der Aufgabe ist und zeigen will, wie gut er damit zurechtkommt. Rita Ruhe ist am Ende ihres Berufslebens angekommen und will die Zeit bis zur Rente noch gut überstehen. Daher erbringt sie auch nicht die Leistung, die Max von ihr erwartet. Entsprechend seiner Interessenstruktur setzt er sie unter Druck, aber Rita reagiert entsprechend ihrem Grundmuster: Sie tut nichts. Druck ist also die falsche Strategie von Max. Es ist besser, mit ihr detailliert zu vereinbaren, welche Ergebnisse sie zu welchem Zeitpunkt erbringen kann und soll. Beide können sich darauf verständigen, dass Rita früher in Rente geht und Max die Stelle nach seinen Vorstellungen besetzen kann. Für beide ist dieses Vorgehen gut planbar und somit wird eine Stresssituation für beide Seiten vermieden.

Fallbeispiel 4 – Die Überforderung

Holger Helfer ist eine Stütze im Logistik-Bereich. Er ist immer freundlich und übernimmt alle Arbeiten ohne zu murren. Holger kann nicht nein sagen. Seine Chefin Thea Treu ist auch sehr liebenswürdig. Sie ist froh, bei Zusatzarbeiten immer auf Holger zählen zu können, und vergisst auch Lob und Anerkennung nicht.

Man sagt ihr allerdings auch nach, dass sie gern Entscheidungen und Konflikte vor sich herschiebt. Seit Wochen nun fühlt sich Holger Helfer ausgelaugt und erschöpft. Es wird zurzeit aber auch viel von ihm verlangt. Es ist augenscheinlich, dass Holger seine Arbeiten nicht in der gewohnten Qualität abliefert und dass er fahrig und überfordert wirkt.

Eines Nachmittags bricht er zusammen und muss mit dem Rettungswagen ins Krankenhaus gefahren werden. Er ist dann 18 Monate krankgeschrieben.

Geben wir Thea Treu noch eine zweite Chance, es mit Hilfe des Interessenblattes besser zu machen.

Entsprechend ihrer Interessenstruktur ist Thea Treu froh, wenn sie bei unerwarteten Veränderungen und Anforderungen immer sofort auf Holger Helfer zurückgreifen kann. Das macht es ihr einfacher. Holger Helfer hat eine ganz große Schwäche: Er kann nicht „nein" sagen. Deshalb hat er auch keine Abwehrmechanismen gegen Überforderungen. Thea erkennt mit dem Interessenblatt diese Situation. Sie weiß, dass sie ihm dabei helfen muss, seine Belastungsgrenze zu erkennen und nicht zu überschreiten.

<table>
<tr>
<td></td>
<td><u>Unsere Interessen:</u>
Sicher ist es für mich einfacher, bei unerwarteten Zusatzarbeiten auf Helge zurückzugreifen, als diese gleichmäßiger zu verteilen. Das erkenne ich ihm auch an und danke es ihm. Aber ich darf ihn nicht überfordern. Im beiderseitigen Interesse muss ich hier aufpassen und das „nein" sagen, welches Helge niemals sagt. Wir müssen beide lernen, seine Belastungsgrenze zu erkennen und nicht zu überschreiten.</td>
<td></td>
</tr>
<tr>
<td><u>Grundmuster:</u>
SECHS – Thea Treu

Meine Interessen:
Bei ungeplanten Arbeiten greife ich gern auf Helge Helfer zurück, weil der immer hilfsbereit ist und nie nein sagt.

Tiefere Interessenstruktur (Pbi):
Ich will ohne große Konflikte meine Aufgaben erledigen.

Stressauslöser:
Ich habe Stress, wenn ich mit unerwarteten Veränderungen und Anforderungen konfrontiert werde.</td>
<td>
</td>
<td><u>Grundmuster:</u>
ZWEI – Holger Helfer

Deine Interessen:
Anderen helfen gibt Dir das Gefühl, gebraucht zu werden. Deshalb sagst Du nie nein.

Tiefere Interessenstruktur (Pbi):
Als Gegenleistung für Deine Hilfsbereitschaft möchtest Du geliebt und anerkannt werden.

Stressauslöser:
Du hast Stress, wenn man Dir den Dank für Deine Hilfsbereitschaft verweigert.</td>
</tr>
</table>

Als sie die Alarmzeichen erkennt, handelt sie sofort. Sie verordnet Holger zunächst einmal einen Kurzurlaub und nimmt danach die Anforderungen an ihn zurück. Sie verteilt die Zusatzaktivitäten auf alle ihre Mitarbeiter. Holger erholt sich und ist schon bald wieder ganz der Alte.

Fallbeispiel 5 – Der Generationenwechsel

Bodo Boss ist ein erfahrener Haudegen, jetzt viele Jahre in einem Familienunternehmen Prokurist und bisher die Nummer 2 nach dem Senior. Der Junior hat gerade sein BWL-Studium beendet und tritt sofort in das Unternehmen ein. Direkt unter dem Senior platziert soll er seine Durchsetzungskraft unter Beweis stellen.

Naturgemäß streitet sich der Junior im Tagesgeschäft schon bald sehr häufig mit Bodo Boss. Nach sechs Monaten kommt es zu einem großen Krach zwischen den beiden, in dessen Verlauf der Senior Bodo Boss entlässt und sofort freistellt. Jetzt geht der Streit vor dem Arbeitsgericht weiter.

Zwei Wochen nach seiner Entlassung hat Bodo Boss einen Schlaganfall. Job- und Machtverlust waren zu viel Stress für ihn. Er hat Glück im Unglück. Seine Frau ruft sofort den Notdienst und er wird sehr schnell ins nahe Krankenhaus gefahren. Er ist für eine längere Zeit sehr krank und die Aussichten auf einen neuen Job sind stark gesunken.

Schauen wir, ob auch Bodo Boss mit Hilfe des Interessenblattes eine bessere Alternative entwickeln kann:

Der Senior hat schon lange auf die Einleitung des Generationenwechsels gewartet. Als sein Junior das Studium beendet hat, gibt er den Startschuss. Natürlich ist der Generationenwechsel für die Familie von übergeordneter Bedeutung. Darüber ist sich Bodo Boss auch im Klaren. Er weiß, dass er mittelfristig gegen den Junior keine Chance hat. Der wird ihn bei passender Gelegenheit ersetzen.

Damit dieser Ablöseprozess für beide Seiten gut planbar ist und mit möglichst wenig Streit abläuft, bietet er an, den Junior einzuarbeiten und sich selbst eine neue Stelle zu suchen. Der Senior ist sehr erleichtert und bietet Bodo im Gegenzug an, ihm bei der Stellensuche zu helfen und seine Kontakte dafür zu nutzen.

<table>
<tr>
<td></td>
<td><u>Unsere Interessen:</u>
In dieser Situation ist Streit vorprogrammiert. Und ich kann nur verlieren. Blut ist eben dicker als Wein. Aber ich könnte anbieten, den Junior einzuarbeiten und mir parallel dazu einen neuen Job suchen. Bei Streit bin ich immer der Unterlegene.</td>
<td></td>
</tr>
<tr>
<td><u>Grundmuster:</u>
ACHT – Bodo Boss

Meine Interessen:
Ich will unabhängig bleiben und im eigenen Interesse handeln.

Tiefere Interessenstruktur (Pbi):
Unter allen Umständen will ich mir meine Autonomie erhalten und Hilflosigkeit, Schwäche und Unterlegenheit vermeiden.

Stressauslöser:
Ich gerate unter Stress, wenn ich die Hindernisse, welche sich mir in den Weg stellen, nicht beseitigen kann.</td>
<td>
</td>
<td><u>Grundmuster:</u>
ACHT – Junior

Deine Interessen:
Sollte es kleinere Scharmützel geben, bist Du darauf vorbereitet und Du hast ja auch den Senior im Rücken.

Tiefere Interessenstruktur (Pbi):
Du willst zeigen, dass Du Dich durchsetzen kannst.

Stressauslöser:
Du gerätst unter Stress, wenn Du die Hindernisse, die sich Dir in den Weg stellen, nicht überwinden kannst.</td>
</tr>
</table>

Wir sehen, dass in allen fünf Situationen die Kenner des Verfahrens wesentlich geschickter und kompetenter mit der Situation umgehen können, nachdem sie die Situation mit dem Interessenblatt analysiert und eine Lösung erarbeitet haben, die den gemeinsamen Interessen Rechnung trägt. Sie erzielen signifikant bessere Ergebnisse als die Unkundigen in der Situationsbeschreibung.

Michaels Kommentar:

Bei den Fallbeispielen wird klar, dass nicht jeder Konflikt mit einer Ideallösung aufgelöst werden kann. Aber die Lösung wird eleganter, wenn ich auf beiden Seiten Stressfaktoren vermeide und Bedürfnisse berücksichtige. Es entsteht einfach viel weniger Schaden. Meiner Erfahrung nach läuft es mit den Lösungen nicht immer gleich perfekt, aber es wird von Mal zu Mal leichter. Ich habe es gleich mit Leuten aus meinem Büro ausprobiert. Es funktioniert. Und ganz nebenbei trainiert es auch. Achten Sie mal drauf, wie sich die Situationen entwickeln, wenn Sie die Interessenstruktur berücksichtigen.

Kapitel 17: Der Abschluss – Alltagstauglichkeit und Start

Vor rund zwanzig Jahren tauchte die Frage auf, warum es keines der vielen Persönlichkeitsmodelle in die operative Praxis geschafft hat. Die Frage ist heute noch aktuell. Die Antwort liegt auf der Hand: Sie sind alle für die operativen betrieblichen Praktiker zu komplex und damit nicht alltagstauglich.

Die Alltagstauglichkeit

In diese Lücke hinein ist die PbI-Methode entwickelt worden. Sie geht wie oben erwähnt von dem Persönlichkeitsmodell des Enneagramms aus. Dort sind die neun Persönlichkeitstypen sehr realitätsnah abgebildet.

Ein Ziel der PbI-Methode ist die Alltagstauglichkeit, denn die operativen betrieblichen Praktiker müssen sie leicht verstehen, leicht lernen und leicht anwenden können. Dazu wurde das Persönlichkeitsmodell in seiner Komplexität so weit reduziert, dass diese Alltagstauglichkeit hergestellt wird, ohne die Aussagekraft zu verwässern. Das Ergebnis sind die PbI. Sie verhalten sich zum

Enneagramm wie eine kleine Broschüre von 24 Seiten zu einer Bibliothek von 300 Büchern.

Die PbI-Methode wende ich, Wolfgang Hinz, seit nunmehr zwanzig Jahren an. Sie ist das Nützlichste, was mir in meinem Leben begegnet ist. Selbst in besonders schwierigen Unternehmenssituationen hat sie sich für mich ausgezeichnet bewährt. Sie liefert dem operativen Praktiker eine gute Unterstützung für seine tägliche Arbeit.

Vom Lesen zum Anwenden

Sie sind jetzt am Ende der Wissensübertragung angekommen. Der nächste Schritt ist die Anwendung der beschriebenen Methode und deren Einbindung in Ihren privaten und beruflichen Alltag.

Zum Start empfehlen wir Ihnen: Suchen Sie sich eine konkrete Situation aus Ihrem Alltag heraus, in der Sie Schwierigkeiten mit einem Egozentriker haben. Kopieren Sie sich als Arbeitsgrundlage das Interessenblatt aus dem Anhang.[7] Tragen Sie Ihre eigenen Interessen und die des Egozentrikers in das Interessenblatt ein. Finden Sie Ihren eigenen PbI-Typ und den des Egozentrikers heraus. Nutzen Sie hierzu die oben aufgeführten Selbstoffenbarungen der neun PbI-Typen. Dazu braucht es am Anfang etwas mehr Aufwand und Übung. Nehmen Sie sich die notwendige Zeit dafür. Wir empfehlen Ihnen, in den nächsten vier bis sechs Wochen in jeder Woche einmal die neun PbI-Kapitel durchzulesen. Je besser Sie diese parat haben, desto einfacher und wertvoller wird die Anwendung für Sie.

Im nächsten Schritt bei Ihrer Erstanwendung suchen Sie aus Ihrer und aus der Interessenstruktur des Egozentrikers die passenden Interessen heraus, bei denen Sie Überschneidungen und gemeinsame Interessen entdecken können. Dafür müssen Sie tiefer in die jeweiligen Interessenstrukturen eintauchen.

Unsere Erfahrung ist, dass der Anwender der Methode etwa nach der zehnten Anwendung dieses Vorgehens das Interessenblatt gar nicht mehr braucht, da die Methode dann bereits gedanklich etabliert ist. Wer im Einzelfall noch tiefer in die einzelnen Persönlichkeitstypen eindringen will, hat dann noch den Teil

---

[7] Die jeweils neueste Version des Interessenblattes befindet sich auf www.pbi-institut.org

B zur Verfügung. Dort findet er ausführliche Informationen über jeden Persönlichkeitstyp. Wir empfehlen, den Teil B situativ aufzusuchen und nicht sequenziell zu lesen.

Nun wünschen wir Ihnen viel Spaß und Erfolg bei der Anwendung der PbI und des Interessenblattes. Haben Sie einfach ein wenig Geduld mit sich selbst und nehmen Sie sich die notwendige Zeit. Schlagen Sie auch bei den Fallstudien nach. Je besser dieser Start gelingt, desto mehr werden Sie von der PbI-Methode profitieren.

Michaels Kommentar:

Meiner Erfahrung nach ist Wiederholung das Wichtigste beim Lernen. Es geht darum, immer und immer wieder die Informationen mit entsprechenden Situationen zu verknüpfen. Wir zeigen unserem Gehirn damit, dass es uns ernst ist mit der Methode. Je öfter wir die Methode anwenden, desto leichter fällt es uns. Sie werden immer mehr Facetten erkennen und irgendwann das Buch nicht mehr brauchen. Und das Schöne daran ist: Es ist wie Fahrradfahren, man verlernt es nicht. Ein Tipp zum Abschluss: Ich habe mir pro Woche einen Typ vorgenommen und in meinem Umfeld darauf geachtet. So konnte ich die Typen und mögliche Lösungen gut verinnerlichen. Und jetzt: Ärmel hochkrempeln und loslegen!

Teil B

Einleitung

Die Neunerfigur (Enneagramm) besteht aus einem gleichseitigen Dreieck, auf das ein unregelmäßiges Sechseck aufgelegt ist. Beide zusammen werden von einem Kreis umschlossen. Die Muster des Dreiecks, also NEUN, DREI und SECHS, bilden zusammen mit ihren jeweiligen beiden Nachbarmustern eine Gruppe, welche Triade genannt wird. Wir unterscheiden in Denk-, Handlungs- und Gefühlstriade, wobei die Benennung bei den Autoren unterschiedlich ist. Manche Autoren sprechen auch von Energien, wobei die Denktriade der Kopfenergie, die Handlungstriade der Bauchenergie und die Gefühlstriade der Herzenergie entspricht. Unsere Zusammenfassung ergibt sich daraus, dass alle drei Muster der Denktriade Probleme bei der Ausprägung der Kopfenergie, die der Handlungstriade bei der Ausprägung der Bauchenergie und die der Gefühlstriade bei der Ausprägung der Herzenergie aufweisen.

Interessant ist, dass sich die Muster auf dem Dreieck zwar im Mittelpunkt der Triade befinden, ihnen die entsprechende Qualität aber nicht zur Verfügung steht. So ist zum Beispiel bei Menschen vom Muster SECHS die Fähigkeit zu denken stärker als bei anderen Mustern durch Angst und Zweifel blockiert. Das im Uhrzeigersinn rückwärtige Nachbarmuster zum Mittelpunkt der Triade, also die Muster FÜNF, ACHT und ZWEI haben die Qualität der Triade überentwickelt, während die anderen Nachbarmuster sie unterentwickelt haben.

Ohnehin haben die Nachbarmuster, die auch mit dem Begriff „Flügel" bezeichnet werden, Bedeutung für das Ausgangsmuster. So ist zum Beispiel das Verhalten des Musters FÜNF mit Flügel VIER in Teilaspekten verschieden vom Muster FÜNF mit Flügel SECHS. Darauf werden wir bei der Darstellung der einzelnen Muster näher eingehen.

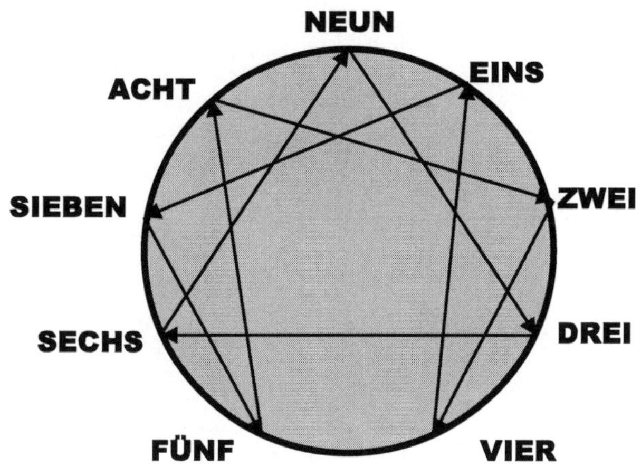

Abb. B1: Neunerfigur mit Integrationslinien

Eine besondere Bedeutung kommt auch der aktuellen Situation zu, in der sich die Persönlichkeit befindet. Ist sie gerade in einer entspannten Situation, dann weist ihr Verhalten die entwickelten Aspekte des Integrationstyps auf. In der vorstehenden Neunerfigur Abb. B1 zeigen die Pfeile genau auf diesen jeweiligen Integrationstyp. Beispielsweise ist der Integrationstyp für das Muster SECHS die NEUN.

Umgekehrt weist in einer Stresssituation das Verhalten des Musters gestörte Aspekte des Desintegrationstyps auf. Dabei bedeutet Stress für jedes Muster etwas Unterschiedliches. Hierauf sind wir bei den PbI im Teil A näher eingegangen. Für die Identifikation des Desintegrationstyps ist die nachfolgende Neunerfigur Abb. B2 mit den Pfeilen genau in umgekehrter Richtung dargestellt. Der Desintegrationstyp für das Muster SECHS ist beispielsweise das Muster DREI.

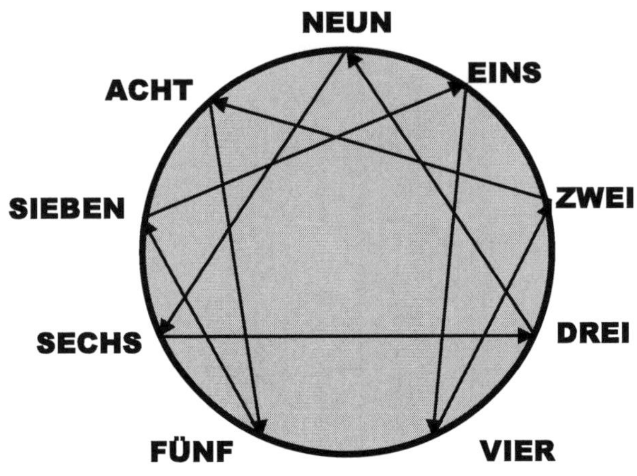

Abb. B2: Neunerfigur mit Desintegrationslinien

In den folgenden Kapiteln stellen wir die einzelnen Muster vor. Als Zusammenfassung der Muster wird jeweils am Ende der Einzeldarstellung eine Kurzübersicht der neun Stufen des jeweiligen Musters dargestellt, welche in Dreiergruppen zusammengefasst die entwickelte, normale oder gestörte Ausprägung des Musters repräsentieren.

Anders als die Psychologen und Therapeuten interessieren wir uns überwiegend für die normale und entwickelte Ausprägung, ohne die gestörte aus dem Auge verlieren zu wollen. Der Fokus in diesem Buch liegt auf den drei normalen Entwicklungsstufen, welche die Egozentriker beschreiben. Die drei entwickelten Stufen werden in dem Buch ‚Neun Wege zu mentaler Gesundheit'[8] näher beleuchtet. Die entwickelte Persönlichkeit wird auch mental gesund genannt und hat in Wahrnehmung und Verhalten ihr Gleichgewicht aus Denken, Fühlen und Handeln gefunden.

[8] Siehe Hinz, Wolfgang: Neun Wege zu mentaler Gesundheit, auf www.pbi-institut.org

Kapitel B1: Zum Nachschlagen – Der Perfektionist

Bei Peter Perfekt ist das Handeln unterentwickelt und wird durch das Denken dominiert. Das Fühlen ist bei ihm verdrängt.

Das **Grundmuster EINS** ist prinzipienorientiert und hier stellvertretend mit dem Begriff ‚Der Perfektionist' belegt. Wir haben diesem Grundmuster den Namen ‚Peter Perfekt' gegeben. Im System der komplementären Wahrnehmungs- und Verhaltensmuster[9] erschließt sich uns die EINS in der Linie Ordnung/Chaos. Überall dort, wo ihr die Unordnung begegnet, verspürt sie den inneren Zwang, diese in Ordnung zu überführen. Mit Chaos und Komplexität kann sie nicht umgehen. Neben dem Perfektionisten finden wir in diesem Muster in seiner gesunden Ausprägung auch den Weisen und den Idealisten, in der normalen Variante den Besserwisser, den Prinzipienreiter, den Rechthaber und den Ordnungssüchtigen sowie in der gestörten Ausprägung auch den Intoleranten und den Gnadenlosen wieder.

Der Denkstil von Muster EINS bewegt sich in Kategorien von richtig oder falsch, gut oder böse, weiß oder schwarz. Der beurteilende und richtende Verstand ist stark ausgeprägt. Der innere Kritiker ist daher gut ausgebildet und ständig aktiv. Alles, was fehlerhaft oder mangelhaft zu sein scheint, springt sofort ins Auge. Peter erscheint eigentlich immer frustriert, weil das Leben oder die Menschen nicht so sind, wie sie sein sollten. Er ist ordentlich und tüchtig, stellt hohe Ansprüche und ist sehr kritiksüchtig. Immer findet er das Haar in der Suppe. Seine Herrschsucht drückt sich im folgenden Anspruch gegen seine Mitmenschen aus: „Fang gar nicht erst an, mit mir zu streiten. Tu, was ich dir sage. Ich habe sowieso recht!".

PALMER 1991 schreibt zur EINS: *„Das Bild des amerikanischen Puritaners der Einwanderungszeit illustriert die Weltsicht des Perfektionisten. Diese Leute arbeiteten hart, waren rechtschaffen, betont unabhängig und überzeugt, dass gradliniges Denken und Anständigkeit den Sieg über die Schattenseite der menschlichen Natur davontragen würden."*

---

[9] Siehe Hinz, Soziale Kompetenz.

Ein weiterer Aspekt des Musters EINS ist seine Ordnungssucht. Die zu bekämpfende Unordnung kommt dabei in vielerlei Gestalt daher. Sie löst beispielsweise die Putzsucht aus, wenn sie in Form von Staub, Dreck oder Schmutz auftritt. ROHR / EBERT schreibt dazu: „*Meine Mutter war eine gute deutsche Hausfrau. Reinlichkeit kam bei ihr gleich nach Heiligkeit. In meiner Wohnung spiegelt sich diese Haltung wieder: bei mir ist es blitzsauber, vom Eingang bis zur Hintertür und selbst in verborgenen Winkeln und Ecken. Bei Richard Rohr kann man vom Fußboden essen. Ich putze jedes Mal, wenn ich die Stadt verlasse. Falls ich unterwegs sterbe und jemand mein Haus betritt, sollen alle wissen, dass ich sauber und ordentlich war! Ich könnte natürlich sagen: Das ist doch egal! Aber ich fühle mich wohler, wenn alles ordentlich und rein ist. Die Stimmen in mir sind überzeugt davon, dass Sauberkeit gut ist und Dreck schlecht.*" Unordnung kommt aber auch in Gestalt von Haltlosigkeit und Unmoral, als vergeudete Zeit oder materielle Verschwendung, als Irrtum oder falsche Entscheidung, als zwischenmenschliche Unzuverlässigkeit, als nicht gehaltenes Versprechen, als Verstoß gegen Konventionen oder als Unhöflichkeit daher. Die Vielzahl der Aufgaben, die es zu ordnen und zu bewältigen gilt, gehen für die EINS leicht ins Unendliche. Und der innere Kritiker treibt die EINS unerbittlich an. Ihm entgeht nichts, was fehlerhaft und unvollkommen ist. Daraus entwickelt sich bei ihr auch die Kritiksucht, die sie leicht zum widerwärtigen Nörgler werden lässt.

Ein weiterer Charakterzug der EINS ist der Zwang zum Rechthaben. Peter Perfekt weist darauf hin, dass er möglicherweise auch seine Fehler hat, aber niemals Unrecht. Rechthaben ist Peter eine Lust, Kritik an seiner Person kann er nicht ausstehen.

EINSer sind von Natur aus Asketen und Puritaner. Sie sind ernsthafte Menschen, die nur sehr selten Witze erzählen. Sie tun sich ungeheuer schwer, das Leben zu genießen. Stattdessen sind sie notorische ‚Weltverbesserer'. Ihre hohen Ideale, ihr Hang zu Perfektionismus und Vollkommenheit, ihr hoher moralischer Anspruch kann sie leicht an einen Punkt bringen, an dem sie selbst ihren eigenen Ansprüchen nicht mehr gerecht werden können. Dann kann die EINS ein Doppelleben führen. In der Öffentlichkeit verhält sie sich stets korrekt, untadelig und moralisch einwandfrei. In fremder Umgebung, in der man sie nicht kennt, lebt sie all das aus, was sie sich sonst versagt. Gestörte EINSer können Moral predigen und Unmoral leben und so zu Heuchlern und Pharisäern werden.

In der Natur fühlt sich die EINS wohl, da diese für sie vollkommen ist. Sie züchtet gern Blumen, arbeitet im Garten oder geht im Wald spazieren. Die EINS hat eine Vorliebe für alles, was blüht, wächst und grünt. Daher fühlen sich viele EINSer auch in der ökologischen Bewegung beheimatet.

Das **gesunde Selbstwertgefühl** der EINS finden wir in der Aussage: „Ich bin ein vernünftiger, objektiv denkender Mensch".

Die **entwickelte EINS** hat Kritiksucht und Vollkommenheitswahn überwunden und wird weise, umsichtig und tolerant. Sie akzeptiert die Welt so, wie sie ist, und wird realistischer und ausgewogener in ihren Urteilen. Sie besitzt einen ausgeprägten Sinn für Recht und Unrecht, verbunden mit hohen moralischen Wertvorstellungen. Sie ist zum vernünftigen, disziplinierten und maßvollen Menschen mit hoher Integrität und Vertrauenswürdigkeit geworden. Sie besitzt ein außergewöhnliches Urteilsvermögen und bemüht sich, fair, unparteiisch und anständig zu handeln. Manchmal entwickelt sie auch visionäre Größe und reformerische Kraft.

Die **normale EINS** hält sich für besser als ihre Mitmenschen, obwohl sie selbst auch noch nicht ‚vollkommen' ist. Sie sieht sich als Anwalt für das Gute, als Kämpfer, Idealist und Kritiker mit den höchsten moralischen Ansprüchen an sich selbst und die Mitmenschen. Sie ist ordentlich, reinlich und tüchtig, aber auch unpersönlich, humorlos und in ihren Gefühlen übermäßig stark kontrolliert. Normale EINSer sind arbeitswütige, ungeduldige Perfektionisten, haben häufig Vorurteile und nörgeln gern. Moralisierend und zänkisch sind sie leicht empört, angestaut mit Groll und ihren Mitmenschen gegenüber häufig grob. Diese wenden sich von ihnen ab, weil die angestaute zornige Energie ihnen unbehaglich ist. Sie sind pünktlich, pedantisch und teilen die Welt in Schwarz und Weiß ein. Grautöne kennen sie nicht. Sie selbst machen keine Fehler und haben immer Recht.

Die **gestörte EINS** kann in hohem Maße intolerant, dogmatisch und selbstgerecht sein. Sie kann es nicht ertragen, wenn andere ihr einen Fehler nachweisen. Um in solchen Fällen recht zu behalten, weisen sie den anderen mit allen rhetorischen Schlichen nach, dass diese im Unrecht seien. Hier beginnen auch die zwanghaften und widersprüchlichen Handlungen und der heuchlerische Gegensatz zwischen Wort und Tat, was manchmal zu dem oben erwähnten Doppelleben führt. Wenn ihre Mitmenschen nicht tun, was die gestörte EINS von ihnen erwartet, wird sie grausam und sadistisch und sorgt dafür, dass sie bestraft werden. Manchmal treten bei der gestörten EINS Nervenzusammenbrüche und schwere Depressionen auf.

Bei der **EINS mit Flügel NEUN** verstärken sich die Charakterzüge der Muster EINS und NEUN gegenseitig. Beide Muster haben sich ihre eigene idealisierte

Welt unter Inkaufnahme der Abweichung von der Realität des Lebens geschaffen. Die EINS ist dabei ihren Idealen so stark verhaftet, dass sie sich eine vollkommene Kunstwelt in ihrem Kopf erschafft, während die NEUN sich die Menschen in ihrer Umgebung idealisiert. Beide verwechseln ihr selbst geschaffenes Abbild von der Realität mit der Realität selbst. Dadurch ist dieser Subtyp auch distanzierter und unpersönlicher als der andere Subtyp. Gesunde Menschen dieses Subtyps sind nüchtern und unparteiisch, bemühen sich um Objektivität und Mäßigung in ihren Urteilen und auch im Umgang mit ihren Mitmenschen. Sie haben wenig emotionale Ausdruckskraft und fühlen sich eher von Natur und Kunst angezogen als von Menschen. Sie zeichnet intellektuelle Brillanz und Idealismus aus. Normale Menschen dieses Subtyps zeigen einen Hang zur elitären Haltung und zu Arroganz. Privilegien und öffentliche Anerkennung sind ihnen wichtig. Sie eifern abstrakten Werten nach und eliminieren alles Persönliche aus ihrem Verhalten. Bei gestörten Menschen dieses Subtyps ist der Zugang zu ihren Gefühlen verschüttet. Damit werden sie sowohl emotional wie auch intellektuell unzugänglich, da sie auch alles, was ihren Idealen nicht entspricht, ausblenden. Sie kennen kein Mitleid und richten bei den Menschen in ihrer Umgebung oft großen psychischen Schaden und Leid an.

Bei der **EINS mit Flügel ZWEI** stehen die Charakterzüge in einem gewissen Spannungsfeld zueinander, wobei die Charakterzüge der EINS dominieren. Das Muster EINS ist kopfgesteuert, wohingegen das Muster ZWEI gefühlsgesteuert und auf Menschen orientiert ist. Daher finden wir bei diesem Subtyp trotz der starken emotionalen Selbstkontrolle ein Interesse an zwischenmenschlichen Beziehungen. Gesunde Menschen dieses Subtyps sind weniger hart und kritisch, sind dem Mitmenschen mehr zugewandt, haben Nächstenliebe in ihre Idealliste aufgenommen, gehen freundlicher und persönlicher mit ihren Mitmenschen um als der andere Subtyp. Bei ihnen verbindet sich Toleranz mit Mitgefühl, Integrität mit Einfühlungsvermögen. Sie können hilfsbereit, freundlich und großmütig sein. Normale Menschen dieses Subtyps sind perfektionistisch, selbstzufrieden und überheblich. Sie neigen dazu, ihre Mitmenschen zu belehren und zu kritisieren. Dabei reagieren sie sehr empfindlich, wenn andere ihre Ideale oder ihren Lebensstil in Frage stellen. Gestörte Menschen dieses Subtyps verhalten sich den Menschen ihrer Umgebung gegenüber intolerant und anmaßend. Sie werden selbstgerecht und heuchlerisch, zeigen oft psychosomatische Reaktionen und zwanghafte Gewohnheiten.

Die **Integrationslinie** der EINS zeigt zum entwickelten Verhalten der SIEBEN. Auf diesem Weg lernt die EINS, ihre Stärken mit heiterer Gelassenheit und

Lebensfreude zu verbinden. So kann sie das Leben so annehmen, wie es ist; sie kann realistischer und ausgeglichener werden und ihren Don Quichotte'schen Kampf zur Weltverbesserung aufgeben. Den kann sie ohnehin nicht gewinnen. Die entwickelte EINS geht nun nachsichtiger mit ihren Mitmenschen um. Ihre Kritikfähigkeit, der aufgrund ihres überscharfen Blicks für Unvollkommenheit immer etwas Nörglerisches anhaftete, wird nun zur konstruktiven Klarheit, die alles Barsche und Verletzende verloren hat. Ihre Rigorosität findet in der Integration ein menschliches Maß. Sie kann akzeptieren, dass es viele Wege gibt, die nach Rom führen, nicht nur den von ihr zufällig ausgewählten einen. Die EINS auf dem Weg zur Integration kann auch erkennen, dass es neben ihrem Muster noch acht weitere Charaktermuster gibt, die weder besser noch schlechter, sondern dem ihrem gleichwertig sind. Ein großer Schritt! Jetzt kommen ihre konstruktiven Eigenschaften voll zur Geltung, die bisher von Kritiksucht und Vollkommenheitswahn überlagert waren: ihre Integrität und Zuverlässigkeit, ihre Bereitschaft zur Übernahme von Verantwortung und auch das Einstehen dafür, selbst bei Gegenwind; ihr Scharfblick für das, was getan werden muss und auch der effiziente Einsatz der vorhandenen Ressourcen. Sie ist ein geduldiger Zuhörer geworden, ihre Urteile gelten als gerecht, ausgewogen und fair. Sie wirkt auch nach außen nicht mehr so verkniffen und angespannt, sondern viel gelassener und lebensfroher. Und sie kann nun endlich die große Paradoxie ihres Daseins erkennen: Je mehr sie von ihrem Wahn loslässt, vollkommen sein zu müssen, desto häufiger begegnet ihr Vollkommenheit im Sinne von Ganzheit in der wundervoll komplexen Ordnung des Lebens. Vollkommenheit ist bereits da und ist ihr geschenkt.

Die **Desintegrationslinie** der EINS zeigt hin zum gestörten Verhalten der VIER. Unter Dauerstress richten sich ihr Zorn und ihr Groll gegen sich selbst. Dies kann passieren, wenn sie erkennen muss, dass ihr Streben nach Vollkommenheit trotz aller ihrer Anstrengungen scheitert. Diese Enttäuschung setzt sie unter Stress. Sie erhöht zunächst ihre Anstrengungen, ihr Ton wird schärfer, verbissener und intoleranter. Dadurch schreckt sie ihre Mitmenschen ab. Wenn diese Eskalation ihrer eigenen Verbissenheit sie dabei noch mehr von ihren Idealen entfernt, bleibt nur noch die schockierende Erkenntnis, dass alle Disziplin, alle Anstrengung und alle Selbstkasteiung vergebens gewesen sind. Sie bekommt schwere Depressionen, schämt sich, ergeht sich in Selbstvorwürfen, erleidet manchmal einen Nervenzusammenbruch und entwickelt selbstzerstörerische Tendenzen. Die dunkle Seite ihres Bewusstseins kommt an die Oberfläche und erfüllt sie mit Abscheu und Ekel vor sich selbst. Mit ungeheurer

Wucht erkennt die gestörte EINS dabei das Ausmaß ihres emotionalen Chaos. Der Damm der Ideale, mit deren Hilfe sie sich selbst und ihre Gefühle unter Kontrolle gehalten hatte, wird weggespült. Sie erkennt mit beängstigender Klarheit ihren Zorn, ihre Intoleranz und ihre Rachsüchtigkeit, verurteilt sich dafür selbst und wird sich selbst gegenüber so unbarmherzig, wie sie es früher gegen ihre Mitmenschen war. Für ihre Schuldgefühle und für ihren Selbsthass gibt es nur schwer einen Ausstieg. Sie fällt in tiefe Depressionen, Hoffnungslosigkeit und Verwirrung, kann als Folge davon nervlich zusammenbrechen und selbstzerstörerische Tendenzen entwickeln.

Ursprünge in der Kindheit: Die kleine EINS hat eine negative Einstellung zum Vater oder zur Vaterfigur entwickelt. Der Vater war häufig streng und hat Fehler bestraft. Von klein auf hat die EINS deshalb gelernt, Fehler zu vermeiden und sich zum Musterkind zu entwickeln. Dem Kind wurde die Kindheit ausgetrieben und es musste sich schon sehr früh wie ein Erwachsener benehmen. Häufig musste es schon sehr früh Verantwortung in der Familie übernehmen, weil entweder ein Elternteil fehlte oder weil es als Vorbild für die kleineren Geschwister dienen sollte. Möglicherweise wurden durch eine ausgeprägt religiöse Erziehung idealisierende oder moralisierende Stimmen innerlich aufgebaut: „Sei brav! Benimm dich! Streng dich an! Sei nicht kindisch! Mach es besser!" ROHR / EBERT schreibt dazu:

„Diese fordernde Stimme in uns verstummt nie. Bei mir kommt sie eindeutig von der Mutter. Oft ist einer der beiden Elternteile einer EINS moralistisch, perfektionistisch oder ewig unzufrieden; mit Lob wird gegeizt, überdurchschnittliche Leistungen als selbstverständlich vorausgesetzt. Wir kleinen EINSer erbrachten diese Leistungen, weil wir die Liebe unserer wichtigsten Bezugsperson nicht verlieren wollten. Ich war Mamas Liebling. Diese Vorzugsstellung wollte ich nicht verlieren. Um mir die Zuwendung meiner Mutter zu erhalten, habe ich ihre Erwartungen erfüllt... Ich kann mich erinnern, dass meine Mutter eines Tages gesagt hat: „Wäre es nicht wunderbar, einen Sohn zu haben, der Priester ist?" Hier stehe ich! Weil ich ein guter Junge bin, habe ich das gemacht, was sich Mama gewünscht hat... Wir EINSer versuchen gut zu sein, damit wir nicht bestraft werden. Wir wollen um jeden Preis verhindern, dass uns unsere inneren Stimmen verdammen. Es ist mittlerweile nicht mehr meine ‚real existierende' Mutter, die diese Rolle übernimmt. Ich habe vielmehr die Forderungen meiner Mutter internalisiert; sie ist ich geworden und sitzt in mir ... Im Inneren von uns EINSern wird andauernd Gericht gehalten; wir sind unser eigener Staatsanwalt und sitzen zugleich auf der Anklagebank."

Das **Dilemma** der EINS besteht in ihrem Anspruch, ‚objektiv' denken zu können und damit das Maß aller Dinge zu verkörpern. Das ist natürlich, wie wir wissen, eine Illusion; Anspruch und Realität müssen hier naturgemäß auseinanderklaffen. Sie perfektioniert die Strategie ‚mehr desselben' und treibt sich damit selbst in die Übertreibung. In unserem System der komplementären Denk- und Verhaltensmuster entscheidet sie sich jeweils für eine Seite, versucht diese bis zur Übertreibung zu vervollkommnen und blendet die andere Hälfte gnadenlos aus. Dazu bemerkt C. G. Jung: „Ich möchte lieber ganz als vollkommen sein". Die EINS vermeidet es, den Ärger über die unvollkommene Welt, der sie antreibt, zuzulassen, denn auch ihr Ärger ist für sie etwas Unvollkommenes. Musterkinder sind nicht wütend. Innerlich aber kochen sie vor Wut, weil diese Welt in ihren Augen so übermäßig unvollkommen ist, und stauen diese als inneren Groll wie Druck in einem Schnellkochtopf auf.

Die **Hauptabwehrmechanismen** der EINS sind Verdrängung, Reaktionskontrolle und Reaktionsbildung. Die EINS verdrängt gern alle Tatsachen und Ereignisse, die nicht in ihr Weltbild passen. Sie kontrolliert ihre Reaktionen, um ihren Ärger und ihre Wut nicht zu zeigen. Reaktionen finden daher nicht direkt statt, sondern der Impuls durchläuft einen blitzschnellen Zensurprozess, ob er sich manifestieren darf. Wenn nicht, sorgt die Reaktionsbildung dafür, dass der unerwünschte Impuls in sein Gegenteil umgewandelt wird. Dies bedeutet, dass der aufgestaute Groll und der aktuelle Zorn mittels Reaktionsbildung in zwanghafte Ersatzhandlungen umgewandelt werden und damit nicht selbst nach außen treten.

Zusammenfassend stellen wir das Muster EINS nachfolgend in seinen neun **Entwicklungsstufen** dar. Die Spannweite der Untertypen reicht vom Weisen bis zum Dogmatiker. In seiner entwickelten Ausprägung ist er ein hochherziger Idealist, der sich selbst die höchsten Ziele setzt. Ein Reformer, der Anwalt für das Gute, der Kämpfer für Gerechtigkeit. Er ist aber auch unpersönlich und emotional zu stark kontrolliert. Als Perfektionist und Arbeitssüchtiger hat er starke Vorurteile und kann sehr kritisch und urteilssüchtig werden. Als Moralist ist er zänkisch, leicht empört, zornig und seinen Mitmenschen gegenüber grob. Er unterscheidet in bessere und schlechtere Sicht, wobei er sich selbst immer die bessere zuspricht.

Die neun Entwicklungsstufen dieses Grundmusters

Entwickelte EINS – Stufe 1: Der weise Realist

Das sehr gesunde Muster EINS unterdrückt seine Gefühle nicht mehr und wird realistischer und toleranter, auch sich selbst gegenüber. Es verfügt über eine klare Urteilskraft und lebt in der Realität, nicht in einer idealen oder vollkommenen Welt. Es hat gelernt, sich selbst und den Mitmenschen gegenüber großzügig zu sein.

Entwickelte EINS – Stufe 2: Der vernunftbegabte Mensch

Er ist einsichtig und vorsichtig, denkt klar und folgerichtig. Er verfügt über eine außerordentlich gute Urteilskraft und hat auch keine Scheu, die Verantwortung für sein Urteil und das daraus folgende Handeln zu übernehmen. Er möchte so wenig wie möglich irren, kann aber auch Irrtümer zugeben, wenn er sie erkannt hat.

Entwickelte EINS – Stufe 3: Der prinzipientreue Lehrer

Er führt ein moralisches und sinnerfülltes Leben, da er sich von seinem Gewissen leiten lässt. Er hasst Ungerechtigkeit in jeder Form, ob es nun seine Freunde, fremde Menschen oder ihn selbst betrifft. Er ist integer, prinzipientreu und von hoher Ethik erfüllt. Für ihn ist es undenkbar, zu lügen oder jemanden zu betrügen.

Normale EINS – Stufe 4: Der idealistische Reformer

Er ist auf dieser Stufe Idealist, Reformer und Kämpfer für Gerechtigkeit. Ein Mensch mit einer Mission, der sich selbst wie auch seine Mitmenschen zu ständiger Verbesserung antreibt. Er wirkt elitär und arrogant, da seine Ideale ja so erhaben und seine Ansprüche so überragend sind.

Normale EINS – Stufe 5: Der ordnungssüchtige Mensch

Er möchte über jeden Lebensbereich, vor allem über seine eigenen Gefühle, die Kontrolle haben. Die gesunde Selbstdisziplin hat sich in energische Tüchtigkeit und Ordnungssucht verwandelt. Er teilt die Welt in schwarz oder weiß, richtig oder falsch, gut oder schlecht, korrektes oder unkorrektes Verhalten ein.

Normale EINS – Stufe 6: Der urteilssüchtige Perfektionist

In diesem Stadium fürchtet er so sehr, die Selbstkontrolle zu verlieren, dass er nach immer mehr Vollkommenheit strebt. Bloße Ordnung und Genauigkeit genügen nicht mehr: jetzt geht es um Perfektion. Nichts ist je gut genug. Immerzu nörgelt er an den Dingen herum und kann nichts so lassen, wie es ist.

Gestörte EINS – Stufe 7: Der Intolerante

Ein gestörter Mensch vom Muster EINS kann sich nie eines Besseren belehren lassen, sei es durch Fakten oder durch die Argumente anderer. Er ist zutiefst überzeugt davon, dass er immer im Recht ist mit allem, was er sagt und tut. Seine Ideale gleichen starren Dogmen, von denen niemals abgewichen werden darf.

Gestörte EINS – Stufe 8: Der zwanghafte Heuchler

Er handelt zwanghaft, das heißt, er wird immer stärker von seinen irrationalen Impulsen beherrscht. Er wird vielleicht von einer Art ‚Sauberkeitswahn' besessen oder versucht, andere Arten von ‚Schmutz' und Unordnung auszurotten, wobei diese mit seinen unterdrückten Impulsen und Gefühlen zusammenhängen, also seine eigene Projektion sind.

Gestörte EINS – Stufe 9: Der gnadenlose Rächer

Jemand oder etwas hat in ihm solch unerhörte Gefühle erweckt, dass er sich nicht mehr direkt mit ihnen auseinandersetzen kann. Er ist nicht mehr von Idealen motiviert, sondern durch ein übermäßiges Bedürfnis, seine Selbstkontrolle aufrechtzuerhalten, bevor seine Zwangsvorstellungen ihn gänzlich überwältigen. Mehr denn je bedarf er der Rechtfertigung. Den anderen muss nicht nur bewiesen werden, dass sie sich geirrt haben. Sie müssen auch bestraft werden.

Kapitel B2: Zum Nachschlagen – Der Helfer

Bei Helga Helfer ist das Fühlen überentwickelt und dominiert sowohl das Denken als auch das Handeln.

Das **Grundmuster ZWEI** ist liebesorientiert und hier stellvertretend mit dem Begriff ‚Der Helfer' bezeichnet. Dies ist ein Verhaltensaspekt dieses Musters, dem wir den Namen ‚Helga Helfer' gegeben haben. In unserem System der komplementären Wahrnehmungs- und Verhaltensmuster erschließt sich uns dieses Muster in der Linie mit den Polen Liebe und Hass. Liebe und Anerkennung sind die Hauptthemen der ZWEI. Die Kehrseite fasst ROHR / EBERT wie folgt zusammen: *„ZWEIer müssen auf zwei Warnsignale achten: Scham und das Bedürfnis der Schuldzuweisung. Wenn sie sich ihrer eigenen Bedürfnisse schämen, sind ZWEIer emotional gefährdet. Dasselbe gilt, wenn sie andere Menschen oder Gott anklagen. Sobald sie das Gefühl haben, dass sie zu kurz kommen, brauchen sie einen Sündenbock. Es kann die Hölle sein, sich den Hass einer ZWEI zuzuziehen. ZWEIer können genauso intensiv hassen, wie sie lieben können. Dann werden sie ungemein grausam und brutal gegen sich und andere. Das ist die schrecklichste Deformation der ZWEI, die eigentlich so liebevoll und warmherzig ist."*

Neben dem Helfer finden wir in diesem Muster den Altruisten, aber auch den Besitzergreifenden und in seiner gestörten Variante den Manipulierer, den Opfer- und Märtyrertyp wie auch den Hysteriker wieder. Entgegen dem ersten Eindruck manifestiert sich auch bei der ZWEI wie bei den Mustern ACHT und EINS die Herrschsucht, hier allerdings subtiler als bei den beiden anderen, in dem Anspruch: „Du willst mir doch nicht wehtun, oder? Also kannst du gleich das tun, worum ich dich bitte!"

Helga trägt ihr Herz auf der Zunge, ist freundlich, überschwänglich und voller guter Absichten allem und jedem gegenüber. Es fällt ihr durch ihre Kommunikationsfreudigkeit leicht, Bekanntschaften und Freundschaften zu schließen. Sie ist stolz auf ihren Einsatz für andere Menschen, auf ihre Hilfsbereitschaft und ihre Fürsorge.

Die ZWEI braucht es, gebraucht zu werden. Das gibt ihr ein Gefühl der Stärke, denn wer helfen kann, hat Macht. Dazu hat sie vielerlei Verhaltensaspekte zur Verfügung. Sie überlegt, wie sie jemandem helfen kann, wie sie anderen eine Freude bereiten kann, wie sie die Lebenssituation oder das Wohlbefinden anderer Menschen verbessern kann. Ihre Hilfsbereitschaft, ihr Entgegenkommen und ihre Gefälligkeiten sind in hohem Maße sozial und kulturell erwünscht und akzeptiert.

Allerdings haben sie eine Schattenseite, welche die ZWEI ignoriert und verdrängt: Sie sind nicht uneigennützig. Als Gegenleistung wird Anerkennung und Dankbarkeit erwartet, um die verdrängte Bedürftigkeit der ZWEI zu befriedigen. Ihre Hilfsbereitschaft hat unbewusst das Ziel, die Liebe und Anerkennung zu bekommen, welche die ZWEI so dringend braucht. Es ist ein Tauschhandel nach dem Motto: Meine Hilfe gegen deine Anerkennung. Dies allerdings wird sich die ZWEI nur sehr schwer eingestehen, denn die Erkenntnis, selbst bedürftig zu sein, ist ihr bewusst nicht zugänglich, da von ihr verdrängt. Zu groß ist dabei ihre Furcht, infolge eigener Bedürftigkeit nicht mehr geliebt oder sogar abgelehnt zu werden. Die ZWEI neigt dazu, Situationen zu emotionalisieren und dabei das Denken auszublenden, ähnlich wie die FÜNF dies vice versa tut. Unbewusster Zweck ist es dabei, sich selbst von der Wahrnehmung der eigenen Bedürfnisse und der eigenen Bedürftigkeit abzulenken.

So interessiert sich die ZWEI für die Nöte und Bedürfnisse ihrer Mitmenschen und unterdrückt sowie verdrängt ihre eigenen. Sie lernt, sich auf die Befindlichkeiten ihres Gegenübers auf Kosten ihrer eigenen Befindlichkeiten einzustellen. Sie ist an den Problemen ihrer Mitmenschen interessiert und erwartet, dass sich diese ihr gegenüber rückhaltlos öffnen. Gleichzeitig fällt es ihr außerordentlich schwer, sich selbst zu öffnen. Eine ZWEI öffnet sich nur, wenn sie sehr sicher ist, dass sie auch angenommen wird. Sie braucht aber auch mindestens einen Menschen, mit dem sie ganz offen kommunizieren kann. In solchen Partnerschaften ist sie dann allerdings auch schonungslos besitzergreifend.

Die Stimmungslage der ZWEI ist abhängig von der Sympathie oder Antipathie, die ihr entgegengebracht wird. Sie passt sich ständig der jeweils anwesenden Person an, um deren Bedürfnisse zu erfüllen. Dies schwächt ihre eigene Identität und ihr Selbstwertgefühl. Beide verbinden sich mehr mit den Wünschen und Bedürfnissen anderer Menschen, so dass ihre Identität gleichsam außerhalb ihrer selbst zu liegen scheint. Häufig führt das bei der ZWEI zu einem chaotischen Gefühlsleben. Sie bereitet sich viele Probleme selbst, weil sie unfähig ist, nein zu sagen. Sie verspricht oftmals mehr, als sie einhalten kann, und fühlt sich dann schuldig, wenn sie ihre Zusagen nicht einlöst.

Das **gesunde Selbstwertgefühl** der ZWEI drückt sich in der Formel aus: „Ich bin ein mitfühlender, liebevoller Mensch".

Die **entwickelte ZWEI** hat ihr zwanghaftes Verlangen nach Liebe und Anerkennung überwunden. Sie ist sich bewusstgeworden, dass diese zu ihren Bedürfnissen gehören. Es ist der schmale Grat zwischen bedingungsloser Nächstenliebe und dem Helfersyndrom. Ein großer Schritt für die ZWEI: die eigene Bedürftigkeit erkennen und akzeptieren, oft auch ausgelöst durch ein Trennungstrauma. Die entwickelte ZWEI ist uneigennützig, selbstlos und im Bedarfsfall auch altruistisch. Sie erwartet keine Gegenleistung für ihren Einsatz für andere Menschen. Sie ist einfühlsam und voll Mitgefühl für ihre Mitmenschen, dabei aufrichtig, warmherzig, verständnisvoll und ermutigend. Sie ist sehr großzügig, liebevoll und aufmerksam gegenüber den Bedürfnissen und Nöten ihrer Mitmenschen, ohne dabei ihre eigene Identität aufzugeben.

Ähnlich wie das Muster NEUN setzt auch die **normale ZWEI** bei der wichtigen Verhaltenslinie Kooperation/Wettbewerb immer auf Kooperation. Damit ist sie anfällig für das Risiko, von einem wettbewerbsorientierten Muster ausgenutzt zu werden. Die Fähigkeit, sich rechtzeitig und angemessen gegen Ausnutzungsversuche zur Wehr zu setzen, hat sie nicht entwickelt. Die normale ZWEI weist eine symbiotische Abhängigkeit von der Bestätigung ihrer Person durch ihre Mitmenschen auf. Sie ist aufmerksam, geht mitfühlend auf die Menschen ihrer Umgebung ein und schmeichelt ihnen gern. Im Überschwang ihrer Gefühle wirkt sie oft theatralisch, überfreundlich und aufdringlich. Dabei scheut sie sich auch nicht davor, in die Privatsphäre ihrer Mitmenschen einzudringen. Sie weckt und erfüllt die Wünsche und Bedürfnisse ihrer Mitmenschen, erwartet dafür Dank und Anerkennung und ist denen gegenüber, in die sie ihre Gefühle investiert hat, besitzergreifend. Sie genießt es, wenn andere Menschen von ihr abhängig sind und sie um ihren Rat fragen. Dafür erwartet sie als Gegenleistung Dank und Würdigung ihrer angeblich uneigennützigen wohlmeinenden Güte. Gewollter Schein und Sein klaffen hier auseinander.

Die **gestörte ZWEI** verstrickt sich immer tiefer in ihr zwanghaftes Verlangen nach Liebe und Anerkennung. Wenn sie sich abgelehnt fühlt, beginnt sie zu manipulieren, erzeugt bei ihren Mitmenschen Schuldgefühle und stellt deren Schwächen heraus. Sie macht herabsetzende, ehrrührige oder geringschätzige Bemerkungen über sie und wird herrschsüchtig. Sie rechnet Gefälligkeiten auf und erwartet offen die Gegenleistungen in Dank, Geld oder Privilegien. Sie fühlt sich durch die Undankbarkeit ihrer Mitmenschen ausgenutzt und zeigt häufig psychosomatische Symptome.

Bei der **ZWEI mit Flügel EINS** stehen die Charaktermerkmale häufig in einem gewissen Spannungsbogen zueinander. Das Muster ZWEI ist gefühlsorientiert und auf andere Menschen bezogen, während das Muster EINS emotional sehr kontrolliert und eher selbstbezogen ist. Vorherrschend sind bei diesem Subtyp allerdings die Verhaltensweisen und Eigenschaften der ZWEI. Der Hang, nach Regeln und Prinzipien zu handeln, sowie ein wachsames Gewissen der EINS bilden das Gegengewicht zum Einfühlungsvermögen und zu der Fremdbezogenheit der ZWEI. Dieser Subtyp bemüht sich, mit anderen Menschen fair und gerecht umzugehen, zu Lasten seiner eigenen Bedürfnisse. Er wird immer wieder zwischen Herz- und Kopfenergie hin und her pendeln. Gesunde Menschen dieses Subtyps haben das Bedürfnis, andere zu unterrichten, wie sie ihr Leben verbessern und sich für eine gute Sache einsetzen können. Sie sind vielleicht in sozialen, religiösen oder karitativen Organisationen aktiv. Häufig sind sie gute Lehrer, die mit ihrer emotionalen Energie Fakten und Ideen zum Leben erwecken können. Sie bringen den ihnen Anvertrauten Wertschätzung und Ermutigung entgegen. Normale Menschen dieses Subtyps durchleben immer wieder die Spannung zwischen dem Wunsch nach Liebe und Anerkennung und dem Anspruch, vernünftig zu sein. Ihrem Mitgefühl und ihrem Einfühlungsvermögen für andere Menschen steht immer wieder die starke Vorliebe der EINS für Ideale und Vollkommenheit gegenüber, so dass sie sich schwer damit tun, sich ganz den anderen zuzuwenden. Dazu haben sie die Neigung, rasch moralische Urteile zu fällen. Sie sind der Gefahr ausgesetzt, sich selbst und auch ihre Mitmenschen zu stark kontrollieren zu wollen. Für Schuldgefühle sind sie anfällig, wenn es ihnen nicht gelingt, ihren eigenen moralischen Ansprüchen gerecht zu werden. Gestörte Menschen dieses Subtyps sind selbstgerecht und moralisieren gern. Die eigene Rechtfertigung verbindet sich bei ihnen mit Selbsttäuschung und dem Hang zur Manipulation. Sie wollen Recht haben und verleugnen ihre eigennützigen Motive. Oft findet man hier auch den Hypochonder wieder.

Bei der **ZWEI mit Flügel DREI** verstärken sich die Merkmale beider Muster. Sie sind extrovertiert und gehen gern auf ihre Mitmenschen zu. Gesunde Menschen dieses Subtyps sind charmant, freundlich und umgänglich. Sie strahlen ein gesundes Selbstwertgefühl aus und kommen gut bei den Menschen ihrer Umgebung an. Sie sind warmherzig und besitzen die Gabe, diese menschliche Wärme auch weiterzugeben. Häufig sind sie auch körperlich attraktiv. Soziales Verhalten steht bei ihnen höher im Kurs als intellektuelle Fähigkeiten oder moralische Werte. Bei normalen Menschen dieses Subtyps verbinden sich der Ehrgeiz der DREI und ihr Streben nach Erfolg und Status mit den Qualitäten der normalen ZWEI. Diesen Menschen ist ihr Image wichtig und sie wissen, wie man Beziehungen aufbaut. Es kommt ihnen sehr auf die richtigen Freunde und die richtigen Beziehungen für ihre Ziele an. Eine Tendenz zu Selbstüberschätzung und Narzissmus ist bereits erkennbar. Sie haben keine Schuldgefühle und fürchten mehr Ansehensverluste oder Demütigungen. Gestörte Menschen dieses Subtyps können bei ihren Mitmenschen großen emotionalen Schaden anrichten, da sie die gestörten Charakterzüge der ZWEI und der DREI verstärken. Sie sind zugleich manipulativ und ausbeuterisch, falsch und selbstbetrügerisch, opportunistisch und darauf bedacht, alles von ihren Mitmenschen zu bekommen, was sie haben wollen. Unter ihrem Charme verbirgt sich Bösartigkeit. Sie können gehässig sein und sich zerstörerisch verhalten. Sie können krankhaft eifersüchtig sein und zu gewalttätigen Handlungen neigen.

Die **Integrationslinie** der ZWEI zeigt hin zum entwickelten Verhalten der VIER. Auf diesem Weg lernt die ZWEI, ihre eigenen Bedürfnisse zu respektieren und auch nein zu sagen. Sie kommt mit ihren eigenen Wünschen und authentischen Gefühlen in Berührung und findet dabei ihre Identität. So kann sie nun ihre Herzlichkeit als wirkliches Mitgefühl ausleben, ohne dafür eine Gegenleistung zu erwarten. Sie besitzt ein sehr feines und abgestuftes Gespür für die unterschiedlichen Bedürfnisse und Entwicklungspotentiale ihrer Mitmenschen. Mit Hilfe dieser Fähigkeit ist sie in der Lage, ihren Mitmenschen deren Potentiale vor Augen zu führen und ihnen dafür Entwicklungsanreize zu bieten. Sie ist bescheiden geworden und respektiert die Würde und die Privatsphäre ihrer Mitmenschen. Sie bietet den Bedürftigen ihren Schutz; den Schutz einer liebevollen, authentischen und selbstbewussten Persönlichkeit, die befreit ist vom Zwang des Gefallenmüssen. Das bewahrt ihre Mitmenschen vor der Peinlichkeit, sich durch Dankesschuld verpflichtet zu fühlen.

Die **Desintegrationslinie** der ZWEI zeigt zum gestörten Verhalten der ACHT. Hier manifestiert sich die Herrschsucht der ZWEI, der Hang, die Beziehungen zu den Mitmenschen zu kontrollieren. Wenn die ZWEI nicht die Dankbarkeit und die Anerkennung bekommt, die sie als Gegenleistung für ihre aufopfernde Großzügigkeit erwartet, dann ist sie aufgebracht und wütend gegenüber den Undankbaren. Sie fühlt sich ausgenutzt, abgewiesen oder gedemütigt. Ihre so gewinnende Liebenswürdigkeit ist verschwunden und macht einer Bitterkeit Platz, die leicht auch in Rachegelüste oder gar Hass umschlagen kann. Ihr Umgangston bekommt eine ätzende Schärfe. Ihre Aggressivität und ihre Rachegedanken drückt sie zunächst in Lästereien und herabwürdigenden Bemerkungen über diejenigen aus, die ihre Erwartungen auf Dank und Anerkennung enttäuscht haben. Sie vergiftet damit das soziale Klima. Die Rache findet überwiegend auf der Beziehungsebene statt, allerdings mit gnadenloser und unerbittlicher Wirkung. Wenn die enttäuschte Liebessucht jedoch in abgrundtiefen Hass umgeschlagen ist, kann die gestörte ZWEI auch gewalttätig werden.

Ursprünge in der Kindheit: Die Identifikation der kleinen ZWEI mit dem Vater oder einer Vaterfigur ist ambivalent. Seine Aufmerksamkeit und Anerkennung will sie erringen. Dazu hat sie es gelernt, sich in der Familie einzufügen und anderen zu dienen, um so Liebe und Anerkennung zu gewinnen. Manche ZWEIer berichten von einer eher tristen Kindheit, bei der ihnen das Gefühl der Geborgenheit gefehlt habe. Die Anerkennung wichtiger Bezugspersonen musste durch soziales Verhalten erkauft werden. Dazu gehörte, dass sie zärtlich, verständnisvoll und hilfsbereit zu sein hatten und ihre eigenen Bedürfnisse zurückstellen mussten.

Das **Dilemma** der ZWEI erkennen wir darin, dass sich die gestörte ZWEI immer weiter von ihrem Grundbedürfnis – geliebt und anerkannt zu werden – entfernt und sich immer mehr ihrer Grundangst – ungeliebt und unerwünscht zu sein – ausliefert. Je herrschsüchtiger und manipulativer sie wird, je mehr ihre aufgeblähte Überheblichkeit und ihr Stolz die Oberhand gewinnen, desto sicherer entfernen sich ihre Mitmenschen aus ihrem Einflussbereich. Sie hat sich mit ihrem Anspruch, immer liebevoll zu sein und dem Wohle ihrer Mitmenschen zu dienen, einer sozial sehr hohen Idealvorstellung verschrieben, an der sie allerdings auch von ihren Mitmenschen gemessen wird. Eigennützigkeit und die Forderung nach Gegenleistung lassen dieses Ideal rasch in sich zusammenbrechen. Der schöne Schein soll anziehen, die Diskrepanz zwischen Schein und Sein schreckt ab und schafft Distanz.

Die **Hauptabwehrmechanismen** der ZWEI sind Verdrängung und Verleugnung. Sie verdrängt ihre eigenen Wünsche und Bedürfnisse, um sich besser auf die Nöte und Bedürfnisse ihrer Mitmenschen einstellen zu können. Sie verleugnet die Erkenntnis, dass ihre Hilfsbereitschaft nicht uneigennützig ist, sondern nach Gegenleistung verlangt und ihre eigene Bedürftigkeit nach Liebe und Anerkennung erfüllen soll.

Zusammenfassend stellen wir das Muster ZWEI in seinen neun **Entwicklungsstufen** nachfolgend jeweils in Kurzform vor. Die Spannweite der Untertypen reicht vom Einfühlsamen bis zum Erpresser. In der gesunden Typvariante ist die ZWEI einfühlsam, mitfühlend, liebevoll, hilfsbereit und selbstlos. Der durchschnittliche Subtyp wird distanzlos und besitzergreifend. Der gestörte Subtyp ruft Schuldgefühle hervor und will seine Mitmenschen von sich abhängig machen. Er ist dominierend und herrschsüchtig. Der Opfer- und Märtyrertyp fühlt sich missbraucht und ist erfüllt von Groll und Wut.

Die neun Entwicklungsstufen dieses Grundmusters

Entwickelte ZWEI – Stufe 1: Der Altruist

Ein sehr gesunder Mensch mit Muster ZWEI ist selbstlos, altruistisch und fähig, anderen Menschen Zuneigung zu schenken, ohne Gegenliebe zu erwarten. Er ist einfach der Überzeugung, dass Gutes getan werden muss, gleichgültig wer es tut und wem Dank zukommt. Seine Uneigennützigkeit erlaubt ihm, die Bedürfnisse anderer klar zu erkennen, ohne dass ihm sein Ego oder Eigeninteresse im Wege steht.

Entwickelte ZWEI – Stufe 2: Der Einfühlsame

Er ist am Wohlergehen anderer Menschen interessiert. Emotional auf andere eingestellt ist er der einfühlsamste aller Persönlichkeitstypen. Dadurch entwickelt er Mitleid und Fürsorglichkeit. Er ist voller Wohlwollen, aufrichtig und warmherzig und kennt auch diese seine Stärken.

Entwickelte ZWEI – Stufe 3: Der Fürsorgliche

Er möchte seine Nächstenliebe zum Ausdruck bringen. Hilfsbereitschaft ist für ihn ein Schlüsselwort. Er dient denen, die bedürftig sind und nicht selbst für sich sorgen können. Er speist die Hungrigen, bekleidet die Nackten, besucht die Kranken.

Normale ZWEI – Stufe 4: Der großsprecherische Freund

Während ein gesunder Mensch mit Muster ZWEI aufrichtig gütig ist, spricht ein normaler dafür mehr über seine Gefühle und guten Absichten. Erklärungen über tief empfundene Gefühle sind an der Tagesordnung. Er hat die Gabe, schnell Bekanntschaften zu schließen und diese sofort zu Freundschaften zu erklären.

Normale ZWEI – Stufe 5: Der besitzergreifende Intimfreund

Er hat viel Talent, Kontakte zu knüpfen. Er möchte eine große Familie oder Gemeinschaft schaffen, in deren Zentrum er steht. Er wickelt die Menschen ein und gibt ihnen das Gefühl, dass sie zu seiner Familie gehören, ihm dafür aber Dank und Zuneigung schulden. Er ist der Bemutterungstyp.

Normale ZWEI – Stufe 6: Der überhebliche Heilige

Er glaubt, viele gute Dinge getan zu haben, Opfer gebracht, die Bedürfnisse der anderen Menschen in den Vordergrund gestellt zu haben – und dafür will er anerkannt werden. Es scheint ihm, als nähmen die anderen seine Bemühungen als selbstverständlich hin. Sie erscheinen ihm undankbar und gedankenlos und müssen seiner Meinung nach erinnert werden, wie gut er ist.

Gestörte ZWEI – Stufe 7: Der selbstbetrügerische Manipulierer

Er ist von heftigen Aggressionen erfüllt, die aber mit seinem unantastbaren Wunschbild in Konflikt stehen. Das hat zur Folge, dass ein gestörter Mensch mit Muster ZWEI seine Aggressionen nur indirekt zum Ausdruck bringen kann, indem er andere manipuliert, damit sie ihm die Zuneigung entgegenbringen, die er so verzweifelt braucht. Er ist ein Meister im Erzeugen von Schuldgefühlen. Er fügt anderen Verletzungen zu, gibt aber gleichzeitig vor, sie trösten zu wollen.

Gestörte ZWEI – Stufe 8: Der dominante Erpresser

Er wird von der illusionären Anspruchshaltung beherrscht, das absolute Recht zu haben, alles von seinen Mitmenschen bekommen zu müssen, was er haben will. Von seinem Standpunkt aus schulden ihm alle unendlich viel, denn er hat ja in der Vergangenheit so viele Opfer gebracht. Er hat auf entnervende und frustrierende Weise den Dreh heraus, wie man andere Menschen im Namen der Liebe zur Schnecke macht.

Gestörte ZWEI – Stufe 9: Das psychosomatische Opfer

Wenn seiner Forderung nach Liebe und Anerkennung nicht entsprochen wird, greift er zum scheinbar sicheren Mittel, die ersehnte Aufmerksamkeit zu erlangen: Er wird krank. Ist man ein hilfloser Kranker, können die anderen gar nichts anderes tun, als sich um einen zu kümmern. Er wird zum Hysteriker, der seine

Angst vor Zurückweisung in psychosomatische Symptome umwandelt. Diese sind ein dauernder, Schuldgefühle weckender Tadel für jene, die ihm nicht die Liebe und den Dank entgegengebracht haben, die er immer beansprucht hat.

Kapitel B3: Zum Nachschlagen – Der Erfolgsmensch

Bei Willi Wichtig ist das Fühlen blockiert und das Handeln ausgeprägt.

Das **Grundmuster DREI** ist hier stellvertretend mit dem Begriff ‚Der Erfolgsmensch' versehen. Erfolgsorientierung ist ein Verhaltensmerkmal dieses Musters, dem wir den Namen ‚Willi Wichtig' gegeben haben. Im Kontext der komplementären Wahrnehmungs- und Verhaltensmuster erschließt sich uns das Muster DREI entlang der Linie mit den Polen Kooperation und Wettbewerb. Sie verhält sich immer wettbewerbsorientiert und verdrängt Kooperation. Neben dem Erfolgsmenschen finden wir in diesem Muster in seiner gesunden Ausprägung auch den Selbstsicheren wieder; wir finden den Prestige- und Statusbesessenen, den Imageorientierten, den Schauspieler wie auch in seiner gestörten Form den Narziss und den rachsüchtigen Psychopathen.

Die DREI ist süchtig. Ihre Droge heißt: Bewunderung. Sie will bewundert werden für ihre Leistung, für ihre Erfolgserlebnisse, für ihr gutes Aussehen, für die wichtigen Persönlichkeiten, welche sie beeinflussen kann, für die Auszeichnungen, welche sie errungen hat, für ihre Tüchtigkeit. Ihr Leben ist ein immerwährender Wettbewerb. Sie liebt es, zu gewinnen, will immer Sieger sein. Die DREI ist Selbstdarsteller, Schauspieler, Karrierist. Sie ist besessen von Leistung, Status und Prestige. Die Verpackung ist ihr dabei wichtiger als der Inhalt. Es geht ihr darum, vor den Mitmenschen gut dazustehen. Sie ist mit ihrer jeweiligen Rolle so identifiziert, dass sie den Kontakt zu ihren eigenen Gefühlen verliert. Darin liegt auch ihre Täuschung. Sie verwechselt die erwünschte Außenwirkung mit ihrer eigenen Identität, verwechselt Wunschbild mit Selbstbild. Sie testet aus, mit welchem Verhalten sie bei ihrem Publikum am besten ankommt. Fehlt die Bewunderung, verlässt sie ihre Bühne und spielt auf einer anderen Bühne weiter.

DREIer sind Strahlemenschen, fröhlich, positiv denkend und voller Optimismus. Sie sind oft gutaussehende Erfolgsmenschen, denen alles zuzufallen scheint. In Wirklichkeit arbeiten sie hart für ihren Erfolg und sorgen dafür, dass ihre Projekte gelingen. Es dient allerdings ihrem Image, wenn alles leicht und lässig aussieht und man ihnen die Anstrengungen nicht ansieht. In diesem Punkt kann man sie leicht mit der SIEBEN verwechseln, bei der es leicht und lässig ist, weil sie hochtalentiert ist, aber Anstrengungen vermeidet.

Die DREI steht ständig unter Zeitdruck, ist immer getrieben, wirkt oft auch gehetzt. Arbeit, Vitalität, Leistung, Konkurrenz, Wettbewerb, Effizienz, Effektivität, Image, Erfolg, Kompetenz, Outfit, Optimismus, Design, Verpackung, Begeisterung, Projekte sind ihre zentralen Begriffe. Es fällt ihr leicht, Entscheidungen zu treffen; sie inszeniert clever und wirksam ihre eigene Marketingstrategie.

Dazu biegt sie sich auch gern ihre eigene Wirklichkeit zurecht, selbst wenn die Fakten dagegen sprechen. Sie ändert ihre Meinung beliebig, wie sie es in der aktuellen Situation gerade braucht. Kleinere oder größere Lügen sind ihr dabei durchaus hilfreich. Wird sie dabei ertappt und wird ihr vorgehalten, dass sie vor kurzem über eine bestimmte Sache noch anders gedacht oder geredet habe, dann wird sie ungehalten und diffamiert diesen frechen Erbsenzähler, der es wagt, ihr Vorhaltungen zu machen. Wenn ihr einmal etwas misslingt, gibt sie es dennoch gern als Teilsieg aus. Das Wort Niederlage kennt sie nicht. Notfalls wird ein Schuldiger für das Misslingen gesucht und gefunden. Wenn dies alles nichts hilft, räumt sie charmant und freundlich das Feld und sucht sich eine andere Bühne.

Gefühle sind bei der DREI blockiert. Es fällt ihr schwer, diese bei sich zu entdecken, und noch schwerer, darüber zu reden. Sie hat ihre Gefühle wegen deren vermeintlich imagegefährdenden Wirkung radikal wegrationalisiert.

Die DREI ist zu immenser Selbsttäuschung und Selbstüberschätzung fähig. Sie kann ihr EGO übergroß aufblähen, ihre Gefühle hinter großen Schutzmauern verstecken und offen nach Applaus und Bewunderung gieren. Dabei erleben ihre Mitmenschen sie als kalt, grausam, berechnend, arrogant und überheblich. Dennoch sollten wir nicht vergessen: Hinter alledem steckt das wehrlose Kind, das sich geradezu panisch vor Versagen fürchtet und sich nach Liebe und Anerkennung sehnt.

Die DREI ist wie ein Chamäleon. Sie kann sich den Erwartungen ihrer Mitmenschen besonders gut anpassen. Dazu hat sie eine Vielfalt von Rollen und Masken zur Verfügung wie ein guter Schauspieler, der auf der Bühne steht und seine erlernte Rolle spielt. Weiter besitzt die DREI ein gutes Gespür dafür, welche Rolle in der jeweiligen Situation gerade gut ankommt.

Das **gesunde Selbstwertgefühl** der DREI drückt sich in der Formel aus: „Ich bin ein bewunderungswürdiger und beneidenswerter Mensch".

Die **entwickelte DREI** hat ihre zwanghafte Sucht nach Bewunderung überwunden. Sie beherrscht ihre Furcht vor Versagen und ist in der Lage, die Erfolge mit ihren Mitmenschen zu teilen, die ihr dafür statt Bewunderung echte Liebe und Wertschätzung entgegenbringen. Sie hat den Zugang zu ihren Gefühlen gefunden und ihre Selbsttäuschung aufgegeben. Sie ist mit sich im Reinen, aufrichtig und glaubwürdig. So ist sie selbstbewusst und von Selbstachtung erfüllt. Die entwickelte DREI ist anpassungsfähig, energisch, oft attraktiv, charmant und beliebt. Häufig ist sie in irgendeinem Bereich ihres Lebens herausragend und ein Vorbild für andere. Sie ist sehr kommunikativ und extrovertiert und versteht es, ihren Mitmenschen Begeisterung zu vermitteln.

Die **normale DREI** ist wettbewerbsorientiert und neigt zu Überheblichkeit. Erfolg, Status und Prestige sind ihre Idole; Exklusivität, Karriere und Siege sind ihr wichtig. Sie ist pragmatisch, zielstrebig, tüchtig und effizient, aber auch berechnend und gefühlsarm hinter ihrer kalten und glatten Fassade. Sie gibt sich imagebewusst und will bei ihren Mitmenschen ankommen. Ständig ist sie damit beschäftigt, sich selbst in Szene zu setzen, und wirkt dabei anmaßend, arrogant und narzisstisch. Sie bläst ihr Ego auf und tritt mit allem und jedem in Wettbewerb.

Die **gestörte DREI** verstrickt sich immer tiefer in ihre zwanghafte Sucht nach Bewunderung. Aus Furcht vor Versagen wird sie ausbeuterisch und opportunistisch, ständig bereit und darauf bedacht, ihre Mitmenschen auszunutzen. Sie kann zum gemeinen, hinterlistigen und notorischen Lügner werden, um ihre Fassade aufrechtzuerhalten. Sie ist unzuverlässig, handelt heimtückisch, betrügt, ruiniert den guten Ruf anderer Menschen zugunsten ihrer Selbsttäuschung und ihres eigenen Images. Sie kann in diesem Stadium krankhaft eifersüchtig werden. Mit Verschlagenheit und Doppelzüngigkeit hält sie ihr Image aufrecht und achtet darauf, dass ihre Mitmenschen diesen Betrug nicht durchschauen. Wenn das nicht gelingt, wird sie rachsüchtig und sadistisch und richtet andere Menschen zugrunde. Sie zeigt gewalttätige und psychopatische Tendenzen und schreckt vor nichts zurück.

Bei der **DREI mit Flügel ZWEI** verstärken sich die meisten Merkmale beider Muster. Sie ist gern unter Menschen und genießt es dabei, im Mittelpunkt zu stehen. Oft ist sie umgänglich, charmant und beliebt. Sie ist häufig körperlich attraktiv und zieht andere Menschen durch ihre Ausstrahlung an. Der Flügel zur ZWEI lässt die entwickelte DREI weniger gefühlsarm erscheinen. Sie entwickelt menschliche Wärme und positive Beziehungen zu ihren Mitmenschen; sie kann diese ermutigen und respektieren. Sie sucht nicht nur Bestätigung, sondern auch Anerkennung und Liebe. Dadurch geht sie stärker auf die Wünsche und Bedürfnisse anderer Menschen entsprechend dem Verhalten der ZWEI ein. Normale Menschen dieses Subtyps können gut die Illusion von Gefühlen spielen, beispielsweise als Schauspieler, Sänger oder Model. Häufig entwickeln sie eine gewisse Überheblichkeit und den Wunsch, ihre Mitmenschen zu dominieren.

Der Erfolg in Beziehungen ist ihnen sehr wichtig. Außendarstellung und Narzissmus, speziell auch in gesellschaftlichen Angelegenheiten, treten hier offener zutage als beim anderen Subtyp. Gestörte DREIer sind oft anspruchsvoll und manipulativ, voller Selbsttäuschung. Sie werden den Menschen gegenüber rachsüchtig, die ihnen nicht die gewünschte Bestätigung zukommen lassen. Sie sind krankhaft eifersüchtig und werden feindselig und aggressiv, wenn andere ihre Eitelkeit verletzen. Gestörte Menschen dieses Subtyps sind meist charmante Psychopathen, die ganz plötzlich bösartig oder sogar gewalttätig werden können.

Bei der **DREI mit Flügel VIER** stehen die Charaktermerkmale beider Muster häufig gegensätzlich zueinander. Während die DREI extrovertiert ist, zieht sich die VIER gern von ihren Mitmenschen zurück. Je nach Ausprägung des Musters VIER können Menschen dieses Subtyps eher zurückgezogener und schweigsamer sein und sich künstlerischen Interessen hingeben. Gesunde Menschen dieses Subtyps sind selbstsicher und erfolgreich, unterstreichen ihre Persönlichkeit oft mit ihren künstlerischen Ambitionen und zeigen ein angemessenes Maß an Selbsterkenntnis und Selbstkritik. Sie sind sensibler und mehr nach innen orientiert als der andere Subtyp. Normale Menschen dieses Subtyps sind stärker dem Erfolg und dem Prestige verhaftet und wettbewerbsorientierter als der andere Subtyp. Sie konzentrieren sich mehr auf geschmackvolle Objekte als auf Menschen, legen mehr Wert auf ihre Intelligenz, sind stark von sich eingenommen. Sie neigen zu Arroganz und Angeberei, da sich bei ihnen die Überlegenheitsgefühle der DREI mit dem Hang der VIER, etwas Besonderes darstellen zu wollen, verstärken. Gestörte Menschen dieses Subtyps sind zwischen der Eitelkeit der DREI und der Selbstkritik der VIER hin- und hergerissen. Allerdings überwiegen meist der Narzissmus und das Überlegenheitsgefühl der DREI. Manchmal finden wir hier selbstzerstörerisches Verhalten, wenn die Bedürfnisse der DREI permanent frustriert werden.

Die **Integrationslinie** der DREI zeigt auf das entwickelte Verhalten der SECHS. Die gesunde Selbstkritik der SECHS bildet ein gutes Gegengewicht zu der Selbstüberschätzung der DREI, holt diese so wieder auf den Boden zurück und macht sie realistischer und ausgeglichener. Die entwickelte DREI interessiert sich mehr für ihre Mitmenschen und hat es gelernt, die Erfolge mit ihnen zu teilen. Dieser Weg hin zur Integration bedeutet für die DREI eine Entziehungskur von der Droge Bewunderung. Daraus kann man ersehen, welch großer Schritt die Integration für eine DREI bedeutet. Dafür braucht sie keine Rolle mehr zu spielen. Sie kann die Maske fallen lassen, die Selbsttäuschung aufgeben und so den Zugang zu ihren Gefühlen gewinnen und an emotionaler Tiefe zulegen. Sie kann nun andere Menschen bei deren Persönlichkeitsentwicklung unterstützen, kann sich für den Erfolg aller Beteiligten einsetzen und lernt es, kooperativ zu sein. Damit überwindet sie die Begrenzungen der ausschließlichen Wettbewerbsorientierung und kann diese situativ durch Kooperationsverhalten ergänzen. Dadurch wird sie den komplexen Situationen des Lebens besser gerecht. Sie fühlt sich ihren Mitmenschen nicht mehr überlegen, sondern bewegt sich wieder auf Augenhöhe und kann sie so respektieren und wertschätzen. Dies stärkt ihr eigenes Selbstwertgefühl und macht sie empfänglich für Nächstenliebe. Sie nutzt niemanden mehr aus, sondern fühlt sich den Menschen in ihrer Umgebung und deren Wohlergehen verpflichtet. Dies trägt ihr statt Bewunderung das ein, wonach sie sich in Wirklichkeit gesehnt hat: die Liebe und die Wertschätzung ihrer Mitmenschen.

Die **Desintegrationslinie** der DREI zeigt auf das gestörte Verhalten der NEUN. Sie spaltet sich von jeglichem Gefühl ab, auch von ihren feindseligen Gefühlen gegenüber ihren Mitmenschen, empfindet weder Reue noch Angst- oder Schuldgefühle. Wenn die gestörte DREI trotz aller Anstrengungen ihr gewolltes Image vor sich selbst und ihren Mitmenschen nicht mehr aufrechterhalten kann, dann adaptiert sie das typische Verhalten des gestörten Musters NEUN. Sie verliert ihren Optimismus und ihren Tatendrang, wird passiv und träge. Ihre Zwanghaftigkeit verstärkt sich, sie verliert sich in Nebensächlichkeiten und Unwichtigem. Eine feindselige Wut gegen Menschen, die ihr Image zerstört haben oder die sie als Sündenbock ausgemacht hat, breitet sich in ihr aus. Sie kann sich nicht mit eigenen Fehlern oder Versagen auseinandersetzen und wird innerlich gefühllos, energiearm und wie betäubt. Sie wird nach außen heimtückisch und psychopathisch, innerlich von ihrer Feindseligkeit verzehrt und geht rachsüchtig gegen ihre Mitmenschen vor. Gefühllosigkeit, Bösartigkeit, Grausamkeit und Anmaßung prägen ihr Verhalten. Besser man kommt ihr jetzt nicht in die Quere.

Ursprünge in der Kindheit: Die Identifikation der DREI mit der Mutter oder einer Mutterfigur ist positiv. Die Mutter hat mit der kleinen DREI ihr Wunschkind großgezogen, es verhätschelt und mit Aufmerksamkeit und Bewunderung überschüttet. Dabei wurde das Kind überwiegend für gute Leistungen und Erfolge gelobt und belohnt. Beispielsweise war in späteren Jahren die Mutter stolz auf ihr Kind, wenn es im Sport gewonnen hatte oder mit guten Noten aus der Schule kam. Daraus hat die kleine DREI dann abgeleitet: „Ich werde bewundert, wenn ich gewinne oder wenn ich eine gute Leistung vollbringe."

Das **Dilemma** der DREI: Alle Bewunderung kann die tiefe Sehnsucht der DREI nach Liebe und Anerkennung nicht stillen. Erst die schmerzhafte Entziehungskur von der Bewunderungssucht eröffnet ihr diesen Weg. Die Egoinflation der DREI hat zur Folge, dass sie sich von ihrem Grundbedürfnis – akzeptiert und anerkannt zu werden – entfernt und damit ihre Grundangst – abgelehnt zu werden – verstärkt. Die Art der DREI, ihre Überlegenheit zur Schau zu stellen, trägt ihr nicht die Anerkennung ein, die sie erwartet, sondern führt häufig zur Ablehnung durch ihre Mitmenschen, weil diese oft genug den Betrug zwischen Verpackung und Inhalt durchschauen. Durch ihre Überheblichkeit und ihre Selbstüberschätzung stellt sich die DREI selbst bloß und stößt sich von ihrem eigenen Denkmalssockel.

Die **Hauptabwehrmechanismen** der DREI sind Identifikation und Verdrängung. Sie identifiziert sich so stark mit der jeweiligen Rolle, dass sie ganz in ihr aufgeht und die Schattenseite und somit die Realität ausblendet und verdrängt. Sie identifiziert sich mit Wettbewerb und verdrängt dabei Kooperation, sie identifiziert sich mit Erfolg und verdrängt Misserfolg und Versagen. Wie aber will sie nachhaltigen Erfolg in ihrem Leben haben, wenn sie die wichtigen Erfahrungen aus Misserfolgen nicht zulässt?

Fassen wir nun noch das Muster DREI in seinen neun **Entwicklungsstufen** jeweils in Kurzform zusammen. Die Spannweite der Untertypen reicht vom Selbstsicheren bis zum rachsüchtigen Psychopathen. Der entwickelte Typ ist selbstsicher, voller Energie, anpassungsfähig, oft physisch attraktiv und beliebt. Der normale Typ ist um Prestige und Status bemüht. Karriere und Erfolg sind ihm sehr wichtig. Er ist pragmatisch, zielorientiert und tüchtig. Hinter der Fassade ist er der ungerührte und berechnende Schauspieler, der seine Rolle für das Publikum spielt. Dabei kann er auch eitel, arrogant, exhibitionistisch und anspruchsvoll sein. Der gestörte Typ ist ausbeuterisch und opportunistisch, ein pathologischer Lügner, der unaufrichtig und verschlagen ist. Rachsüchtigkeit vermischt sich bei ihm mit psychopathischen Tendenzen.

Die neun Entwicklungsstufen dieses Grundmusters

Entwickelte DREI – Stufe 1: Die authentische Persönlichkeit

Im besten Fall überwindet ein entwickelter Mensch vom Typus DREI seine Sucht, von anderen bewundert zu werden, und akzeptiert sich selbst so, wie er ist. So wachsen seine authentischen Gefühle und seine Identität. Er erkennt seine Grenzen, lässt sich aber weder von ihnen einschränken noch versucht er, sie zu leugnen. Er wird bescheiden, klar und direkt.

Entwickelte DREI – Stufe 2: Der selbstsichere Mensch

Ihre Selbstsicherheit und ihr Gefühl, begehrt zu sein, lassen entwickelte Menschen vom Typus DREI außerordentlich anziehend wirken, was sie zu neuen Interaktionen ermutigt und immer wieder neue Selbstbestätigung bei ihnen erzeugt.

Entwickelte DREI – Stufe 3: Das große Vorbild

Da er mit sich selbst im Reinen ist, tut er immer wieder Dinge, die seine Selbstachtung noch mehr verstärken. Er investiert Zeit und Energie in seine Weiterbildung. Er ist ehrgeizig und sehr bemüht, mehr aus sich zu machen. Er ist ein Vorbild entsprechend den Wertvorstellungen seiner Gesellschaft, Musterbeispiel für das, was anderen Menschen als Maßstab gilt.

Normale DREI – Stufe 4: Der Statusbesessene

Er will sich von anderen unterscheiden. Sich über andere zu erheben stärkt seine Selbstachtung und gibt ihm das Gefühl, anziehend, begehrenswert und bewunderungswürdig zu sein. Alles wird bei ihm zum Wettbewerb – seine Blicke, seine beruflichen Fähigkeiten, sein Einkommen, seine Karriere, die Begehrtheit seines Ehepartners.

Normale DREI – Stufe 5: Der Imageorientierte

Er tritt noch stärker in Wettbewerb mit anderen, indem er seine Selbstdarstellung und sein Image verbessert. Er möchte einen günstigen Eindruck hinterlassen, egal, ob das Bild, das er vermittelt, der Realität entspricht oder nicht. Er ist der Schauspieler, der seine Rolle spielt.

Normale DREI – Stufe 6: Der Narziss

Wenn er trotz seines wirkungsvollen Auftretens nicht die Bewunderung bekommt, die er haben möchte, übertreibt er seine Angeberei. Er möchte, dass die anderen Menschen ihn bewundern und beneiden, dass sie ihn für ein absolutes As auf jedem Gebiet halten. Er prahlt mit seinen Leistungen und betont immerzu, dass er alles besser macht als die anderen. Körperliche Qualitäten sind wichtig für ihn und wo es an Attraktivität fehlt, überhöht er sich narzisstisch durch Betonung von Intelligenz und Tüchtigkeit, Geld und Erfolg, Berühmtheit und Prestige.

Gestörte DREI – Stufe 7: Der ausbeuterische Opportunist

Die Aussicht zu scheitern hat für ihn etwas außerordentlich Demütigendes. Er versucht deshalb, sein inflationäres Wunschbild zu erhalten, indem er andere Menschen ausnutzt. Er wird unaufrichtig, um die Illusion der Überlegenheit zu erhalten. Solche Menschen fälschen ihren Lebenslauf, buchen die Arbeit anderer auf ihr Konto oder kopieren andere, um sich den Anstrich von Originalität zu geben.

Gestörte DREI – Stufe 8: Der böswillige Verräter

Er möchte andere ausnutzen, ohne dass sein Opportunismus sichtbar wird. So wird er verschlagen und falsch, verbirgt seine Motive und Taten, soweit er kann. In seiner Hinterlist und Doppelzüngigkeit schadet er anderen Menschen, ohne mit der Wimper zu zucken. Er zögert nicht, den Ruf anderer zu ruinieren, Unfrieden zu stiften, Freunde auseinander zu bringen oder das Vertrauen anderer zu missbrauchen.

Gestörte DREI – Stufe 9: Der rachsüchtige Psychopath

Insgeheim fürchtet er, dass die anderen ihm überlegen sind und ihm immer überlegen bleiben. Er wird unverhüllt rachsüchtig und schreckt vor nichts zurück. Er hat den inneren Zwang, anderen Menschen zu schaden, um sich weiter überlegen fühlen zu können. In diesem Stadium wird er sadistisch und schreckt auch nicht vor Gewaltanwendung, Brandstiftung oder Sabotage zurück.

Kapitel B4: Zum Nachschlagen – Der Individualist

Bei Petra Pfau sind das Fühlen und das Handeln unterentwickelt und beide werden durch das Denken dominiert.

Das **Grundmuster VIER** ist auf sich selbst orientiert und hier stellvertretend mit dem Begriff ‚Der Individualist' bezeichnet. Dies ist auch ein Verhaltensmerkmal dieses Musters, dem wir den Namen ‚Petra Pfau' gegeben haben. Im Kontext der komplementären Wahrnehmungs- und Verhaltensmuster erschließt sich uns die VIER entlang der Linie mit den Polen Kreativität und Disziplin. Kreativität ist ein Kennzeichen der normalen VIER, deren Gefühlswelt und Verhalten oft chaotisch wirken. Sie entwickelt sich, wenn es ihr gelingt, ihre Kreativität durch angemessene Disziplin zu ergänzen.

Die VIER ist das Muster, bei dem die Ausschläge auf der Gefühlsskala nach oben und nach unten häufig die Extremwerte erreichen. Die Beschreibungen himmelhoch jauchzend und zu Tode betrübt treffen diesen Sachverhalt ganz ausgezeichnet. Die VIER sucht die Intensität der Gefühle und findet diese besonders in den Extremen des Gefühlsspektrums: entweder in Schmerz und Leiden oder in der Erfüllung ihrer Sehnsüchte in ihren Phantasien. Alles dazwischen ist gewöhnlich und deswegen ohne Anziehungskraft für die VIER. Sie ist auch in der Lage, die Gefühle ihrer Mitmenschen sehr genau zu erkennen und fühlt sich von deren Schmerz, Trauer oder Unglücklichsein angezogen. Auch die Atmosphäre von Orten oder Situationen kann sie seismographisch genau erfassen.

Die VIER hat einen ausgeprägten Sinn für Harmonie und Schönheit. Sie ist sensibel und oft künstlerisch begabt. Zwischen dem Wunsch, ihre Gefühle auszudrücken, und dem Hang, sich zu verbergen, ist sie hin- und hergerissen.

Deshalb drückt sie ihre Gefühle oftmals indirekt durch Tanz, Musik, Malerei, Theaterspiel oder Literatur aus. Eine VIER ist leicht zu erkennen. Sie hat den Hang zu auffallender Kleidung, manchmal bunt und verrückt, häufig aber farblich fein abgestimmt und passend. ROHR / EBERT schreibt dazu: *„VIERer haben einen natürlichen Blick für Schönheit. Deswegen werden viele von ihnen Künstler, Musiker, Dichter und Dramatiker. Ihr Stilempfinden lässt den Rest von uns vor Neid erblassen. Die meisten VIERer haben einen ausgesuchten Geschmack. Sie kaufen ihre Bilder nicht bei Woolworth und ihre Kleidung lieber im Secondhandshop oder in einer Boutique als von der Stange. Sie würden lieber sterben, als sich mit billiger Massenware zu begnügen, wie sie Tausende andere auch tragen. Aber wie wir alle neigen auch sie dazu, ihre Begabung zu übertreiben und ihre ‚ästhetische Überlegenheit' mit einer gewissen Arroganz andere Menschen spüren zu lassen. VIERer hassen alles, was abgestanden, althergebracht, hausbacken, durchschnittlich, stillos und normal ist. Gleichzeitig schielen sie mit heimlichem Neid auf uns Normalverbraucher, die wir nicht mit so viel Klasse und Stil brillieren können."*

Die VIER befindet sich in einem großen Dilemma: Sie kann nicht in der Gegenwart leben, die für sie voll Makel, Mängel und Unzulänglichkeiten ist. So ist sie mehr in der Welt des Unbewussten, der Symbole, Phantasien und Träume zu Hause als in der realen Welt. Diese helfen ihr, sich zum Beispiel in Kunstwerken auszudrücken.

Die VIER vermeidet Gewöhnlichkeit. Alles, was konventionell, normal, hässlich, schmutzig oder Mittelmaß ist, wird von ihr abgelehnt. Die Vorstellung, wie alle anderen zu sein, jagt ihr geradezu panische Furcht ein. Die VIER muss auffallen, sie muss in jedem Fall individuell und anders sein. Ihr auffallendes Verhalten gibt ihr den Status, verschafft ihr den Freundeskreis, ihren Platz im Leben und die Bewunderung ihrer Mitmenschen.

Manchmal gestaltet die VIER ihr Leben wie ein Kunstwerk. Kleidung, Wohnungseinrichtung, Freundeskreis, Hobbys, Partnerschaft und Gewohnheiten sind aufeinander in exakt inszenierter Weise abgestimmt, sollen aber wie zufällig wirken. Dazu entwickelt sie ein feines Gespür für Original und Fälschung.

Zunehmende Vertraulichkeit kippt bei der VIER leicht in Geringschätzung um. Das Entfernte ist immer attraktiver als das Anwesende. Daher ist auch eine Partnerschaft mit einer VIER sehr anstrengend. Da die Gegenwart – einschließlich des anwesenden Partners – für die VIER immer voller Mängel ist, kann es sein, dass der Partner permanent ätzender Kritik ausgesetzt ist. Gerade weil er anwesend ist, treten seine Fehler und Mängel offen zutage. Entfernt er sich von ihr, lockt sie ihn mit allen Mitteln zurück. Die Partnerschaft mit einer VIER ist wie ein Tanz nach dem Motto: „Macht der Partner einen Schritt nach vorn, macht die VIER einen Schritt zurück. Macht der Partner einen Schritt zurück, macht die VIER einen Schritt nach vorn."

Die VIER richtet ihre Aggressionen häufig gegen sich selbst. Dabei kommt es vor, dass sie sich vor ihrem eigenen Körper ekelt. Oft ist sie schlank und attraktiv, findet sich aber dick und hässlich. Daher probiert sie beispielsweise ständig neue Diäten aus.

Neid ist die Untugend der VIER. Sie sieht sofort, wer ausgefallenere Ideen, mehr Talent, mehr Geschmack, mehr Stil und mehr Klasse hat als sie. Sie sieht, wer normaler, gesünder, natürlicher und einfacher lebt als sie. Es gibt wenig, worauf die VIER nicht neidisch sein könnte. Dabei tarnt sich ihr Neid als Verlangen nach dem, was ihr zu fehlen scheint. Häufig lebt sie mit der Furcht, jemand anders könnte attraktiver, interessanter oder origineller sein als sie.

Oft ist die VIER der Meinung, dass die Regeln und Normen der Gesellschaft für sie nicht gelten. Sie fühlt sich meist als Fremdling und Außenseiter und leitet daraus das Recht ab, ihre eigenen Regeln festzulegen. Sie kann sich nicht anpassen und hat meist ein elitäres Bewusstsein.

Das **gesunde Selbstwertgefühl** der VIER drückt sich in der Formel aus: „Ich bin ein sensibler, intuitiver und einzigartiger Mensch".

Die **entwickelte VIER** hat ihre Selbstbezogenheit und ihre Selbstversunkenheit überwunden und sich den praktischen Angelegenheiten des realen Lebens gestellt. Es ist ihr gelungen, ihre extremen Gefühlsausschläge mehr in die Balance zu bringen und damit an Ausgeglichenheit zu gewinnen. Mit Ausgeglichenheit ist eine tiefe und vielfältige, aber auch ausbalancierte Emotionalität gemeint. So kann die entwickelte VIER sensibel mit der Gegenwart und dem wirklichen Leben umgehen, nicht nur mit ihren Phantasien und Träumen. Sie verliert den Zwang, sich als etwas Besonderes zu fühlen. Sie ist zu einer Gefühlstiefe fähig, zu der andere Muster keinen Zugang haben. Diese kann sie manchmal in zeitlosen und begnadeten Kunstwerken ausdrücken. Sie verkörpert Synthese, Vermittlung und Ausgleich. Im Umgang mit ihren Mitmenschen ist die entwickelte VIER sensibel und intuitiv, taktvoll, diskret und respektvoll. Sie ist ein Individualist und eine starke Persönlichkeit, die ihre Mitte gefunden hat. Sie verbirgt nichts, ist aufrichtig, wahrhaftig, mitfühlend und doch emotional stabil.

Die **normale VIER** besitzt eine ästhetische, gekünstelte und romantische Einstellung zum Leben und bringt ihre Gefühle zumeist indirekt durch etwas Schönes oder ein Kunstwerk zum Ausdruck. Imagination, Phantasie und extreme Gefühle sind ihr wichtiger als der Zugang zur Gegenwart oder zur Realität des Lebens. Sie zieht sich zurück, um die eigenen Gefühle zu schützen und sich mit ihnen auseinander zu setzen, wirkt dabei aber gehemmt, scheu und introvertiert. Sie zweifelt an sich selbst, nimmt alles persönlich, wird übersensibel und fühlt sich als Außenseiter. Sie ist Launen und Stimmungsschwankungen unterworfen und leicht verletzt. Das Gefühl, anders zu sein, verstärkt sich und das Selbstmitleid wächst. Sie flüchtet sich in eine Welt der Träume, Illusionen und unrealistischen Erwartungen, ist dabei erstaunlich eigensinnig, aber auch voller Verachtung gegenüber den Mitmenschen, kraftlos, unproduktiv und unpraktisch.

Die **gestörte VIER** entwickelt Minderwertigkeitsgefühle und bekommt Depressionen, schämt sich ihrer selbst und entfremdet sich ihren Mitmenschen. Sie hat das Gefühl, dass alles vergeblich und sinnlos sei, erschöpft sich, wird geistig verwirrt und ist unfähig, zu handeln. Sie wird von Versagensängsten gepeinigt und entwickelt Selbstvorwürfe und sogar Selbsthass. Aus dem Gefühl der Wert- und Hoffnungslosigkeit heraus verzweifelt sie und entwickelt selbstzerstörerische Tendenzen bis hin zu Selbstmordabsichten. Oft flüchtet sie sich zu Alkohol und Drogen, um ihrer Selbstverachtung zu entgehen. Dies kann auch zu einem emotionalen Zusammenbruch führen.

Bei der **VIER mit Flügel DREI** stehen die Charaktermerkmale der beiden Muster VIER und DREI oft in einem Gegensatz zueinander. Während die VIER introvertiert, zurückhaltend und selbstkritisch ist, verhält sich die DREI extrovertiert, aggressiv und überheblich. Die VIER ist auf der Suche nach ihrer Identität, während die DREI ständig an ihrer Außendarstellung arbeitet. Die VIER hat Angst davor, sich preiszugeben, während die DREI einen Drang zur Selbstdarstellung aufweist. Die Unsicherheit der VIER steht im Gegensatz zum Charme der DREI. Beide haben ein Problem mit der Selbstachtung: Bei der VIER ist sie unterentwickelt, bei der DREI überentwickelt, zumindest der veröffentlichte Teil. Entwickelte Menschen dieses Subtyps sind begabt und ehrgeizig, zumindest im kreativen Bereich. Sie sind extrovertierter, offener gegenüber den Bedürfnissen ihrer Mitmenschen, humorvoll, umgänglich und haben einen Hang zu Geselligkeit. Dabei sind sie oft körperlich attraktiv und anpassungsfähig. Normale Menschen dieses Subtyps können ihre Verletzlichkeit und ihre emotionale Verfassung besser hinter einer Außendarstellung verbergen, als dies der andere Subtyp kann. Sie können narzisstische Neigungen zeigen, fürchten sich gleichzeitig aber auch vor Erfolg und Selbstdarstellung. Gestörte Menschen dieses Subtyps sind aggressiv, richten diese Aggression aber überwiegend gegen sich selbst. Sie sind verunsichert, deprimiert und voller Selbsthass. Sie können aber auch feindselig und boshaft werden. Ihr verborgener Neid auf andere Menschen wird durch den Hang zur Eifersucht von Muster DREI noch verstärkt. Opportunismus, Falschheit und der Hang, andere Menschen auszunutzen, sind gelegentlich auch anzutreffen, verstärken dann aber die Schuldgefühle der gestörten VIER. Gestörte Menschen dieses Subtyps können Selbstmord oder Verbrechen aus Leidenschaft begehen.

Bei der **VIER mit Flügel FÜNF** verstärken sich die Charaktermerkmale der beiden Muster VIER und FÜNF zumeist gegenseitig. Beide praktizieren den Rückzug: Die VIER, um ihre Gefühle zu schützen, und die FÜNF, um sich in Sicherheit zu bringen. Dieser Subtyp bringt seiner Umwelt und seinen Mitmenschen viel Aufmerksamkeit entgegen. Seine intellektuelle Tiefe ist bemerkenswert, allerdings immer verbunden mit einem Gefühl der Unsicherheit gegenüber den Mitmenschen. Entwickelte Menschen dieses Subtyps sind die kreativsten und schöpferischsten Menschen aller Persönlichkeitstypen. Bei ihnen verbindet sich Erkenntnis mit Intuition, intellektuelles Verständnis mit emotionaler Sensibilität. Häufig vereinigen sie originelle Ideen mit geradezu prophetischen Fähigkeiten. Mit dem, was sie tun, sind sie voll identifiziert, gehen jedoch dabei das Risiko ein, schnell auszubrennen. Normale Menschen dieses Subtyps neigen dazu, extrem zurückgezogen zu leben und sich ihrer Selbstversunkenheit hinzugeben. Ihre künstlerischen Ausdrucksfähigkeiten sind ihnen Ersatz für soziale Bindungen. Sie sind unabhängig und unkonventionell, oft auch exzentrisch. Intensiv sind sie mit ihrer Gefühls- und Gedankenwelt beschäftigt und geben sich betont rätselhaft. Gestörte Menschen dieses Subtyps leben in einer besonders erschreckenden und düsteren Phantasiewelt. Sie weisen einen inneren Widerstand gegen alle Äußerlichkeiten auf und peinigen sich mit Selbstzweifel, Depressionen und Selbstverachtung. Sie wehren sich häufig dagegen, sich von anderen Menschen helfen zu lassen, und projizieren ihre Ängste in die Außenwelt. Daraus erwachsen Misstrauen, Paranoia und Phobien. Es besteht die große Gefahr, dass sich gestörte Menschen dieses Subtyps in die Isolation begeben und depressiven Formen der Schizophrenie verfallen.

Die **Integrationslinie** der VIER zeigt auf das entwickelte Verhalten der EINS. Auf diesem Wege wächst die VIER über ihre Gehemmtheit und ihre Introvertiertheit hinaus und lässt sich nicht länger von ihren Launen und Stimmungsschwankungen dominieren. Statt in Selbstmitleid zu versinken lernt sie auf diesem Wege Selbstdisziplin und wird ausgeglichener. So begegnet sie nun den Herausforderungen des Lebens mit entschlossenem Handeln. Sie packt Missstände an, statt nur über sie zu lamentieren; sie stellt sich den Situationen und zieht sich nicht mehr vorschnell in ihr Schneckenhaus zurück. Durch diese Zuwendung zur Realität des Lebens und zu den Bedürfnissen ihrer Mitmenschen verliert sie ihren übergroßen Drang, sich selbst als etwas Besonderes zu fühlen. Sie muss nicht länger Zuflucht in ihren Phantasiewelten suchen, sondern es gelingt ihr besser, in der Gegenwart zu leben. Sie findet ihre Identität und ihren Platz in der wirklichen Welt. So wird ihre Kreativität verständlicher und sie ist in der Lage, ihren emotionalen Reichtum mit ihren Mitmenschen zu teilen.

Die **Desintegrationslinie** der VIER zeigt auf das gestörte Verhalten der ZWEI. Wenn ihre Mitmenschen ihr signalisieren, sie halten sie für langweilig, wenn sie selbst erkennt, dass sie nichts Außergewöhnliches zustande bringt, wenn ihr nicht die erhoffte Aufmerksamkeit entgegengebracht wird, dann gerät die VIER unter Druck. Wenn dieser Druck anhält, dann verstärken sich ihre Gefühle von Traurigkeit und Verlorenheit. Eine depressive Stimmung erfasst sie, die Selbstzweifel verstärken sich. In dieser Situation übernimmt die gestörte VIER typische Verhaltensweisen der gestörten ZWEI. Obwohl das Muster VIER selbst eher zurückhaltend ist, geht sie nun hilfsbereit und übertrieben fürsorglich auf andere Menschen zu und versucht, sich unentbehrlich zu machen. In diesem symbiotischen Prozess macht sie sich zugleich aber auch von der Bestätigung dieser Menschen abhängig. Wird sie nun umgekehrt von diesen Menschen befürsorgt und bemitleidet, weist sie das zurück und beginnt, diese Menschen zu hassen, von denen sie sich abhängig gemacht hat. Welche Tragik! Sie wird dadurch auf ihre eigenen Mängel verwiesen und ihre Selbstzweifel und ihr Selbsthass vergrößern sich nur noch. Häufig enden derartige Versuche in einem zwischenmenschlichen Desaster oder mit einem Nervenzusammenbruch der VIER.

Ursprünge in der Kindheit: Die VIER weist eine negative Haltung zu den Eltern auf. ROHR / EBERT schreibt dazu: *„VIERer haben häufig in ihrer frühen Kindheit die Erfahrung gemacht, dass die Gegenwart unerträglich und sinnlos ist. Sehr oft hing das mit einem schmerzhaften Verlusterlebnis zusammen. Dieser Verlust kann real gewesen sein (Tod eines Elternteils; uneheliche Geburt; Scheidung; Umzug und Entwurzelung; ein Elternteil kommt oder geht; ein anderes Kind wird geboren oder vorgezogen etc.) oder er wurde nur emotional empfunden. Positive Rollenmodelle haben zum Teil gefehlt. So hat sich das Kind auf der Suche nach Identität notgedrungen seiner eigenen Innenwelt zugewandt. Weil die ursprüngliche Liebesquelle fehlte oder zu schwach war, mussten* *in der Phantasie neue Liebesquellen geschaffen werden. Die Sehnsucht der VIER richtet sich auf jene verlorene Liebe, ist Heimweh und Fernweh zugleich. Sie wartet auf den Tag, wo die große Liebe (zurück)kommt und ist überzeugt, dass die große Liebe sie erlösen wird".* So muss sie auffallen, damit sie nicht wieder übersehen oder verlassen wird. NARANJO ist der Meinung, dass die VIER sich als Kind den Selbsthass eines Elternteils einverleibt hat mit der Folge, dass sie sich selbst ablehnen muss. Aus diesem introjizierten Selbsthass sind ihre Charaktermerkmale erwachsen: das negative Selbstbild, der Hang, etwas Besonderes darzustellen, die Neigung zu Melancholie und Leiden sowie ihre Abhängigkeit von der Bestätigung durch andere Menschen.

Das **Dilemma** der VIER besteht darin, dass sie durch ihr Verhalten gerade das hervorbringt, vor dem sie sich am meisten fürchtet: Nämlich tiefgreifend gestört und defekt zu sein. Ihr Selbsthass wirkt als eine sich selbst erfüllende Prophezeiung und bringt den Defekt erst hervor. Sobald sie das Handeln in der wirklichen Welt vermeidet und sich in ihre Phantasiewelten zurückzieht, begibt sie sich auf diesen gefährlichen Weg. Sie muss lernen, ihr Leben wirklich zu leben und es nicht nur zu imaginieren.

Die **Hauptabwehrmechanismen** der VIER sind Verdrängung, Rückzug und Introjektion. Sie verdrängt das reale Leben und zieht sich in ihre Traum- und Phantasiewelten zurück. Introjektion bedeutet, dass die VIER fremde Negativität verinnerlicht und sie zu ihrer eigenen umwandelt. Es kann auch passieren, dass sie eigene Überlegenheit in Minderwertigkeit umpolt.

Fassen wir nun noch das Muster VIER zusammen, indem wir die neun **Entwicklungsstufen** jeweils in Kurzform vorstellen. Die Spannweite der Untertypen reicht vom schöpferischen Menschen bis zum Depressiven. Der entwickelte Typ ist schöpferisch, inspiriert und von nachdenklich selbstbewusster Selbstkritik. Als normaler Typ ist er Künstler und Romantiker. Er nährt seine Illusionen über das Leben und kann dabei kraftlos, unproduktiv und affektiert werden. Der gestörte Typ wird depressiv, selbstverachtend und selbstzerstörerisch.

Die neun Entwicklungsstufen dieses Grundmusters

Entwickelte VIER – Stufe 1: Der schöpferische Mensch

Er ist in Kontakt mit den Impulsen, die aus seinem Unbewussten aufsteigen. Er hat gelernt, auf seine innere Stimme zu hören, bleibt dabei aber auch offen für

Eindrücke von außen. Er verwandelt all seine Erfahrungen, auch die schmerzhaften, in ein Kunstwerk. Er gleicht einem Gefäß, das alles Schöne, Wahre und Gute auffängt und der Welt weitergibt.

Entwickelte VIER – Stufe 2: Der inspirierte Mensch

Inspirierte Kreativität kann nur im Tun ausgelebt werden, in der Überwindung der Selbstbezogenheit. Er ist sowohl sich selbst wie auch anderen gegenüber ausgesprochen sensibel und reagiert sehr intuitiv. Seine Intuition gibt ihm die Möglichkeit, zu verstehen, wie andere sich fühlen und denken, und mit ihr kann er die Welt erkennen.

Entwickelte VIER – Stufe 3: Der sich offenbarende Mensch

Er bringt zum Ausdruck, was er empfindet. Er ist der persönlichste aller Typen, der sich anderen unmittelbar und wahrhaftig zeigt, wie er ist. Er trägt keine Maske mehr, hinter der er seine Zweifel und Schwächen versteckt. Er zeigt seine Schwächen und Irrationalitäten bereitwillig, da er glaubt, diese seien nicht zufällig, sondern spiegeln sein wahres Wesen wider.

Normale VIER – Stufe 4: Der phantasievolle Künstler

Aus Angst, missverstanden zu werden, oder aus Furcht vor Verletzungen, wenn er seine Gefühle zu persönlich ausdrückt, weicht er auf den künstlerischen Selbstausdruck aus. Jede Art von künstlerischer Aktivität gibt ihm die Möglichkeit, sich zugleich zu verbergen und mitzuteilen, ohne sich preiszugeben. Hat er nicht die nötige Begabung, um Kunstwerke zu schaffen, verschönert er seine Umgebung, indem er beispielsweise die Wohnung geschmackvoll einrichtet, Kunstwerke sammelt oder sich stilvoll kleidet.

Normale VIER – Stufe 5: Der selbstverliebte Introvertierte

Er versinkt in Selbstbezogenheit und möchte in Ruhe gelassen werden, um mit seinen Gefühlen zurechtzukommen. In diesem Stadium ist er reserviert und schüchtern und lebt zurückgezogen – ein melancholischer Außenseiter, der sich mit Unsicherheit und Selbstkritik quält. Es fällt ihm schwer, anderen Menschen zu begegnen, alltägliche Gespräche zu führen oder mit jemandem zusammenzuarbeiten.

Normale VIER – Stufe 6: Der schwache Ästhet

Durch sein Verharren in der Selbstbezogenheit schafft er sich praktische und emotionale Schwierigkeiten. Die sozialen und beruflichen Fähigkeiten sind schwach entwickelt, die Selbstachtung hat unter der dauernden Selbstkritik gelitten. Er fühlt sich verletzlich und unsicher. Er glaubt von sich, anders als seine Mitmenschen zu sein, weil er durch seinen Rückzug aus der Welt anders geworden ist. Er tut sich leid.

Gestörte VIER – Stufe 7: Der selbstentfremdete Depressive

Ihn beherrscht die Furcht, seine Hoffnungen, Träume und seine Selbstverwirklichung zu verlieren. Dadurch schneidet er sich von seiner Persönlichkeit ab. Er verkriecht sich ganz in sein Innerstes als Reaktion auf diesen Schock und als Schutz vor noch größerem Verlust. Er zürnt sich dabei für das, was er sich selbst angetan hat. Er beneidet andere – alle anderen Menschen scheinen so glücklich, so tüchtig und so erfolgreich, wie er es gerade nicht ist. Er wird depressiv.

Gestörte VIER – Stufe 8: Der emotional Leidende

Er beginnt zu glauben, dass er wegen seiner Depressivität und seiner Unfähigkeit, mit dem Leben zurechtzukommen, irgendwie vom Schicksal verfolgt sei. Seine Enttäuschung über sich selbst wird immer stärker, wird zum verzehrenden Selbsthass. Er sieht nur noch seine dunkle Seite. Er ist überzeugt davon, dass er ein Versager ist, ein Opfer, unaufhörlich leidend an dem, was ihm seine Eltern angetan haben und was er sich selbst angetan hat.

Gestörte VIER – Stufe 9: Der selbstzerstörerische Mensch

Seine Verzweiflung wird so tief, dass er versucht, sich auf irgendeine Weise selbst zu zerstören. Er versinkt in Hoffnungslosigkeit. Er nimmt Drogen, Alkohol und ist akut selbstmordgefährdet. Er muss irgendetwas tun, um seinem erdrückenden negativen Selbstwertgefühl zu entfliehen.

Kapitel B5: Zum Nachschlagen – Der Denker

Bei David Denk ist das Denken überentwickelt und dominiert sowohl das Fühlen wie das Handeln.

Das **Grundmuster FÜNF** ist erkenntnisorientiert und hier stellvertretend mit dem Begriff ‚Der Denker' versehen. Dies ist nur einer der Verhaltensaspekte dieses Musters, dem wir den Namen ‚David Denk' gegeben haben. Ausgehend von unserem System der komplementären Wahrnehmungs- und Verhaltensmuster erschließt sich uns dieses Muster in der Linie mit den Polen Genie und Wahnsinn. Beide sind als dominierende Aspekte im Persönlichkeitsspektrum der FÜNF angelegt. Gemeinsam haben das Genie und der Wahnsinnige, dass sie ihre Vorstellungen auf der Basis ihres gesammelten Wissens entwickeln. Der Unterschied besteht in der Realitätsnähe bzw. -ferne dieser Vorstellungen. Oder, wie Ernst von Glaserfeld es formulieren würde: Die Vorstellungen des Genies erweisen sich als viabel, die des Wahnsinnigen nicht. Weiter finden wir auch den Beobachter und Analytiker, den Intellektuellen wie den Gelehrten, den Exzentriker wie auch in der gestörten Form den Isolierten und den Paranoiden in diesem Muster wieder.

David verwendet viel Energie auf das Erfassen und Ordnen von Informationen, auf das Anhäufen von Wissen, um sein Überleben zu organisieren. Wissen sammeln ist seine Leidenschaft und auch seine Versuchung, der er kaum widerstehen kann. Die Gelegenheit, Wissen zu erwerben, zieht ihn magnetisch an. Dazu überspringt er alle Begrenzungen. Geistige Aufgeschlossenheit ist bei ihm mit Entdeckerfreude gepaart. Hierzu das folgende Zitat aus SCHÄTZING:

„Sie liebte das Extreme. Darin unterschied sie sich von ihm, der das Extreme von Herzen verabscheute, jedoch von solchem Forscherdrang besessen war, dass ihm Erkenntnis über Bequemlichkeit ging. Viele Forscher waren so. Missverstanden als Abenteurer, nahmen sie das Abenteuer in Kauf, um in den Besitz von Wissen zu gelangen. Bauer vermisste einen bequemen Sessel, Bäume und Vögel und ein frischgezapftes deutsches Bier".

Die FÜNF denkt Gefühle nur, anstatt Gefühle zu empfinden. Sie will sich nicht preisgeben und ihr Inneres nicht zur Schau stellen. Sie hasst Aufdringlichkeit und Eindringlinge. Man hat den Eindruck, dass sie Außenimpulse nicht unmittelbar, sondern zeitverzögert verarbeitet. Zwischen dem Impuls und der

Reaktion darauf liegt immer eine Denkstrecke, die der Analyse, Einordnung und Komplexitätsbewältigung dient.

Stärke und gleichzeitig Schwäche ist diese Distanz zu Handlung und Gefühl. Einerseits ermöglicht der Abstand Objektivierung und Gelassenheit, andererseits birgt er die Gefahr des Realitätsverlustes. Im günstigen Fall bewirkt diese Haltung verlässliche und klarsichtige Analysen und die Fähigkeit, einen Standpunkt einzunehmen, der nicht von Angst oder eigenen Begehrlichkeiten beeinflusst ist. Im ungünstigen Fall dient sie zur Reduktion von Beziehungen auf ein Mindestmaß und führt in die Isolation.

Davids Fähigkeiten, sich selbst einzuschränken und seine eigenen Bedürfnisse zurückzuschrauben, sich selbst auch Disziplin aufzuerlegen, sind legendär. Er kann den Gürtel enger schnallen und mit wenig auskommen, um unabhängig zu bleiben.

Das **gesunde Selbstwertgefühl** der FÜNF drückt sich in der Formel „Ich bin ein intelligenter, wahrnehmungsfähiger Mensch!" aus.

Entwickelte FÜNFer sind scharfsinnige Denker und manchmal sogar Genies. Sie sind geistig rege, wissbegierig und von Forschungsdrang beseelt. Mit ihrem erfinderischen Verstand kommen sie auf originelle Ideen, die sie in der Folge auch umsetzen können. Sie sind wie kein anderes Muster in der Lage, komplexe Zusammenhänge zu verstehen und sich wirksam mit komplexen Problemen auseinanderzusetzen. Entwickelte FÜNFer sind wie geschaffen für Innovations- und Pionierarbeit. Bei ihnen ist intellektuelle Neugier mit Entdeckerfreude gepaart.

Die **normale FÜNF** ist ständig auf der Jagd nach Wissen. Sie entwickelt sich zum Experten, analysiert und ordnet, hat Talent zu Forschung und Entwicklung. Sie ist Forscher und Gelehrter, sammelt empirische Daten, wendet wissenschaftliche Methoden an und entwickelt daraus komplizierte und abstrakte Ordnungsmodelle und Theorien. Sie kann sich dabei aber auch in Details verlieren und gerät unter Stress, wenn diese ihren Theorien nicht entsprechen. Dann neigt sie dazu, sich die Realität entsprechend ihrer Theorien zurechtzubiegen und wird damit exzentrisch, reduktionistisch und extremistisch. Bei Meinungsverschiedenheiten wird sie dann auch streitsüchtig und manchmal zynisch.

Die **gestörte FÜNF** neigt dazu, sich zurückzuziehen und sich von Beziehungen und der Umwelt zu entfernen. Sie wird zynisch, feindselig und argwöhnisch. Sie ist von ihren eigenen Theorien besessen, kommt damit aber immer stärker in Konflikt mit ihrer Umwelt. So wird sie paranoid, sieht alles nur noch durch die Brille ihrer Theorien und entwickelt Wahnvorstellungen. Schließlich verliert sie den Bezug zur Realität vollständig und verstrickt sich in schizophrenen Tendenzen. Hierzu ein Zitat aus ROHR / EBERT:

„Der Film Rain Man, der 1989 mit Oskars überschüttet wurde, handelt von einem typischen jungen, dynamischen und aufstiegsorientierten DREIer-Amerikaner, der nach dem Tod seines Vaters erfährt, dass er einen autistischen älteren Bruder (Dustin Hofman) hat. Dieser Bruder ist ein mathematisches Genie, aber ansonsten ein Gefangener unverrückbarer Rituale. Die Beziehung zur Außenwelt ist mechanisiert. Der Film schildert Ansätze einer „Bekehrung", die der außenorientierte DREIer durch die Begegnung mit seinem krankhaft introvertierten Bruder erlebt. Umgekehrt wirkt die plötzliche Zuwendung und Herausforderung therapeutisch auf den autistischen Raimond. Unvergesslich ist die Szene, wie er seinen Kopf zärtlich an die Schulter des Bruders schmiegt und zum ersten Mal so etwas wie Nähe ausdrücken kann".

Die einzelnen Denk- und Verhaltensaspekte der **FÜNF mit Flügel VIER** stehen in einem scheinbaren Widerspruch zueinander: Die FÜNF ist kopflastig und bemüht, die Umwelt zu verstehen, die VIER ist ständig auf der Suche nach ihrer eigenen Identität. Gerade deswegen aber kann dieser Subtyp in seiner entwickelten Variante hervorragende künstlerische Leistungen mit seiner Denkfähigkeit integrieren. So entsteht eine fruchtbare Verbindung von Wissen und Intuition, Erkenntnisfähigkeit und Sensitivität, intellektueller Fähigkeit und künstlerischer Begabung. Hier finden wir die Verbindung von Wissen und Inspiration, welche große Entdeckungen möglich macht. Dieser Subtyp ist menschlicher, künstlerisch begabter, persönlicher und emotionaler als der andere Subtyp. In der normalen Ausprägung stellen wir häufig eine große Distanz zu Mitmenschen und Umwelt fest. Hier ist das Muster introvertiert und mit sich selbst beschäftigt. Die intellektuellen Fähigkeiten werden eingesetzt, um die Mitmenschen auf Distanz zu halten und nicht, um sie besser zu verstehen. Auch reagiert es launisch und sensibel gegenüber Kritik an seiner Arbeit oder seinen Ideen. Gestörte Menschen dieses Subtyps neigen zu Depressionen, Hoffnungslosigkeit, Nihilismus, Hemmungen, Isolation und bisweilen auch zu Selbsthass. Sie sind damit anfällig für selbstzerstörerische Tendenzen.

Bei der **FÜNF mit Flügel SECHS** verstärken sich die Aspekte der Muster FÜNF und SECHS. In der entwickelten Ausprägung sind Menschen dieses Subtyps verlässlich und setzen sich bedingungslos für ihre Familie und ihre Überzeugungen ein. Sie arbeiten hart, sind asketisch und erfüllen ihre Verpflichtungen.

Sie sind häufig munter und übermütig, haben Humor und sind anziehend und liebenswert. Wird man von ihnen akzeptiert, kann eine tiefe Freundschaft entstehen. Normale Menschen dieses Musters haben jedoch Probleme mit ihren Beziehungen. Sie haben Schwierigkeiten damit, ihre Gefühle direkt auszudrücken. Sie sind mehr in ihrer Gedankenwelt und mit ihrer Arbeit beschäftigt, als mit Gefühlen und Bedürfnissen. Konflikten weichen sie lieber aus, als sich mit ihnen auseinanderzusetzen. Die gestörte Ausprägung ist eher misstrauisch und hat Angst vor ihren Gefühlen. Der Hang zu Isolation und Paranoia des gestörten Musters FÜNF wird durch das Misstrauen und die Minderwertigkeitsgefühle der gestörten SECHS weiter verstärkt. Wir finden dies in Überreaktionen, irrationalem oder masochistischem Verhalten wieder.

Die **Integrationslinie** der FÜNF zeigt auf das Muster ACHT. Dies ist auch die empfohlene Entwicklungsrichtung für die FÜNF: Das entwickelte Verhalten der ACHT. Hier werden Denken und Handeln miteinander verbunden. In der Integration überwindet die FÜNF ihre Eigenart, sich zu suggerieren, dass sie noch nicht genug weiß, um handeln zu können. Sie überwindet den vertrauten Bereich des Denkens und lässt sich auf aktives Handeln und gelebte Erfahrung ein. Sie stellt fest, dass sie, obwohl sie nicht alles weiß, nicht alles wissen kann, dennoch mehr weiß als ihre Mitmenschen. Sie lernt von der ACHT, wie man durch Handeln praktische Erfahrungen sammeln kann und dass es zu Beginn einer Handlungskette keineswegs erforderlich ist, bereits Ziel oder Lösungsweg detailliert zu kennen. Hier lernt die FÜNF Prozessorientierung pur. Dies erfordert von ihr den Mut, sicheres Terrain zu verlassen, stärkt aber im gleichen Maße ihr Selbstvertrauen. Auch kann die FÜNF von der entwickelten ACHT lernen, den Kontakt zu ihren kraftvollen Emotionen aufzunehmen. Sie kann lernen, ihre Gefühle zu leben, statt sie nur zu denken. Diese Verbindung von Kopf- und Bauchenergie tut der FÜNF gut und erdet sie. Sie überwindet den Bereich des Denkens und lässt sich auf ihre Umwelt handelnd und auf ihre Mitmenschen emotional ein.

Auf der **Desintegrationslinie** finden wir das problematische Verhalten der SIEBEN. In dieses Verhalten fällt die FÜNF unter Stress zurück. Die gestörte FÜNF hat sich immer mehr isoliert und ist unfähig, mit dem Leben zurechtzukommen. Unter Dauerstress stürzt sie sich in manischen Aktionismus, handelt unüberlegt und impulsiv, reagiert sprunghaft und manchmal hysterisch und stürzt sich in Vergnügungen und Zerstreuungen. Dieses Verhalten löst aber nicht ihre Probleme, sondern führt zu noch größeren Schwierigkeiten und noch ernsthafteren Konflikten mit Mitmenschen und Umwelt. Gestörte FÜNFer sind labil und rücksichtslos. Sie stürzen sich auf jede scheinbare Lösung ihrer

Probleme und schaden sich dabei häufig mehr, als sie sich nützen. Dabei besteht die Gefahr, dass sie gänzlich außer Kontrolle geraten.

Ursprünge in der Kindheit: Menschen vom Muster FÜNF haben eine ambivalente Einstellung zu beiden Elternteilen. Manchmal hatten sie psychisch oder physisch zudringliche Eltern oder sie sind in großer Enge aufgewachsen. Ihre Innenwelt war der einzige Freiraum, in dem sie sich ungestört bewegen konnten. Oder aber sie haben als Kind wenig Zuneigung und Nähe verspürt. Dabei haben sie die Erfahrung gemacht, dass die Umwelt bedrohlich und voller Gefahren ist. Als Kind durften sie nicht stören und versuchten ihr Überleben dadurch zu organisieren, dass sie alles mitbekamen. Sie fürchteten, von anderen Menschen beherrscht zu werden, und haben sich angewöhnt, ihre Umgebung aufmerksam zu beobachten, um kommende Ereignisse vorauszusehen und schützende Präventivmaßnahmen zu ergreifen.

Das **Dilemma** der FÜNF tritt ein, wenn sie ihre Theorien nicht mehr an den Fakten der Realität überprüft, sondern sich diese entsprechend ihrer Vorstellung zurechtbiegt. So verliert sie ihr Grundbedürfnis, die Umwelt zu verstehen, aus dem Auge und verfängt sich in ihrer Grundangst, von der Außenwelt überwältigt zu werden. Statt sich von ihrem Verstand geschützt zu fühlen, wird sie von ihm in den Wahnsinn getrieben.

Der **Hauptabwehrmechanismus** der FÜNF ist Rückzug. Damit reagiert sie, wenn sie unter Stress gerät. Stress ist für David eine zu starke Einbeziehung oder emotionale Überforderung. Damit ist zu große persönliche Nähe und der Verlust der für ihn notwendigen Minimaldistanz gemeint. Hier ist die Reizschwelle für David sehr niedrig. Sein Verhalten entspricht im Verhaltensspektrum Flucht/Angriff klar der Flucht.

Zusammenfassend stellen wir das Muster FÜNF noch einmal in seinen neun **Entwicklungsstufen** in Kurzform vor. Die Spannweite der Untertypen recht vom Visionär bis zum Isolierten. Die entwickelte Typvariante weist Wachheit und Scharfblick auf. Sie ist erfinderisch und produziert originelle Ideen. Der normale Typ ist Denker und Beobachter, ist analytisch und spezialisiert. Er neigt zu komplizierten Interpretationen über die Realität. Der gestörte Typ zieht sich zurück und lebt isoliert. Er wird zynisch und feindselig, neigt zu Phobien und Paranoia.

Die neun Entwicklungsstufen dieses Grundmusters

Entwickelte FÜNF – Stufe 1: Pionier und Visionär

In diesem sehr entwickelten Stadium besitzt er die scheinbar paradoxe Fähigkeit, sowohl tief in die Realität einzudringen, wie auch gleichzeitig eine umfassende Erkenntnis über sie zu gewinnen. Er ist in der Lage, das große Ganze zu sehen und Muster sowie Strukturen zu erkennen, wo andere Menschen nur Chaos wahrnehmen. Er besitzt die Gabe der Vorausschau, weil er die Welt mit außerordentlicher Klarheit erkennt. Wie ein Weber, der das Muster eines Teppichs im Geiste vor sich sieht, bevor das Stück vollendet ist.

Entwickelte FÜNF – Stufe 2: Der erkennende Beobachter

Er ist die geistig wachste Persönlichkeit, die allem mit Neugier begegnet. Er liebt das Denken um des Denkens willen. Ich denke, also bin ich. Sich Wissen anzueignen ist für ihn ein großes Vergnügen. Wissen und Erkenntnis sind ihm eine Lust. Ihm entgeht nichts, da er die Welt nicht nur passiv beobachtet, sondern sich auf sie konzentriert. Dabei nimmt er wahr, wie sich die Strukturen formen und welchen Sinn sie in sich tragen.

Entwickelte FÜNF – Stufe 3: Der kundige Experte

Durch Beobachten der Welt und durch Gewinnen von Einsicht und Erkenntnis sammelt er Wissen an. Er liebt es, sein Wissen praktisch anzuwenden, um zu sehen, wie es mit der Realität übereinstimmt und auf welche Weise er damit die Realität beeinflussen kann. Er verfügt über Kenntnisse in einem breiten Spektrum von Wissensgebieten und ist dort Experte. Gern teilt er sein Wissen mit.

Normale FÜNF – Stufe 4: Der Spezialist und Analytiker

Er fürchtet, er wisse nicht genug, um zu handeln oder um seine Ideen und Entdeckungen zu veröffentlichen. Er meint, er müsse noch mehr lernen, forschen, experimentieren, sich noch gründlicher mit einem Thema beschäftigen. Ein entwickelter Typ FÜNF weiß sich im Besitz von Wissen, während ein normaler immer auf der Jagd danach ist. Er analysiert alles bis ins kleinste Detail und verliert dabei leicht den Überblick.

Normale FÜNF – Stufe 5: Der versponnene Theoretiker

Führen seine wissenschaftlichen und analytischen Methoden nicht schnell genug zu den gewünschten Antworten, wird er sich der eigenen Ideen in dem Maße unsicher, wie sein Bedürfnis nach Gewissheit wächst. Neue Fragen treten auf, auf die er keine Antworten weiß. So nimmt er Zuflucht zur Spekulation und Interpretation und vernachlässigt Beobachtung und Nachforschung. Er verspinnt sich allmählich immer mehr in seine Ideenwelt und verliert dabei den Kontakt mit der Realität.

Normale FÜNF – Stufe 6: Der extreme Reduktionist

Mit der Zeit schafft die Komplexität in seinem Kopf neue und komplizierte Probleme. Nichts ist gewiss, und so wächst seine Angst. Sein Verstand sucht Ordnung und wenn er sie nicht erkennen kann, entsteht in seinem Kopf eine eigene Art von Ordnung. Er wird reduktionistisch, eliminiert alle Komplexität und stülpt allem eine umfassende Erklärung über. Er neigt zur Simplifizierung, obwohl gerade er zu komplexen Gedankengängen begabt ist.

Gestörte FÜNF – Stufe 7: Der isolierte Nihilist

Das Bedürfnis, seine Interpretationen um jeden Preis zu untermauern, bereitet den Boden dafür, dass er gegenüber jedem, der seine Meinung nicht teilt, feindselig zu werden droht. Es weckt seine Aggressionen, wenn Menschen seine Ideen in Frage zu stellen wagen. Er beginnt, sie zu diskreditieren, und versucht zu beweisen, dass ihre Ideen wertlos sind. Dadurch begibt er sich in die Isolation. Durch seinen Zynismus erschwert er die Möglichkeit, mit seinen Mitmenschen in Beziehung zu treten.

Gestörte FÜNF – Stufe 8: Der von Wahnvorstellungen Gequälte

Er möchte im Grunde alles zerstören, so verabscheuungswürdig ist die Welt in seinen Augen. Absurderweise beginnt er aber allmählich zu glauben, dass jeder ihn hasst und ihn zerstören möchte. Er wird paranoid und projiziert seine feindseligen Gefühle in die Außenwelt. Gerade weil er seine Ängste und Aggressionen unentwegt auf andere überträgt, fühlt er sich immer mehr von ihnen verfolgt.

Gestörte FÜNF – Stufe 9: Der leere Schizoide

Seine Paranoia produziert Verfolgungsängste. Er zieht sich in den Teil seines Inneren zurück, der ihm sicher erscheint. Er verfällt in eine Art autistischen Zustand und wehrt sich gegen die Realität, indem er sich von jeder Beziehung abschneidet. So gerät er in einen Zustand innerer Leere und mit großer Wahrscheinlichkeit in einen schizophrenen Zustand.

Kapitel B6:
Zum Nachschlagen – Der Traditionalist

Bei Tobias Treu ist das Denken blockiert, was zu einem schwachen Selbstbewusstsein und in der Folge zu unkontrollierten Ängsten führen kann.

Das **Grundmuster SECHS** ist sicherheitsorientiert und hier stellvertretend mit dem Begriff ‚Der Zuverlässige' bezeichnet. Dies ist nur ein Aspekt dieses Musters, dem wir den Namen ‚Tobias Treu' gegeben haben. Das Muster SECHS drückt sich im Spannungsfeld zwischen den Polen Furchtsamkeit und Waghalsigkeit aus. Beides sind dominierende Aspekte im Persönlichkeitsspektrum der SECHS. Die furchtsame SECHS ist vorsichtig, zögernd und misstrauisch. Die waghalsige SECHS tritt lieber die Flucht nach vorn an, als sich mit ihren tiefgründigen Ängsten zu quälen. Sie überkompensiert ihre Angst durch aufgesetzte Härte, Demonstration von Stärke und Waghalsigkeit. Wir finden in diesem Muster SECHS neben dem Zuverlässigen und Treuen auch den Skeptiker, den Autoritätsgläubigen wie den Sicherheitsbedürftigen, den Ambivalenten und den Verunsicherten sowie in der gestörten Form auch den Masochisten.

Autoritätsgläubigkeit und Sicherheitsdenken sind wichtige Aspekte im Persönlichkeitsspektrum der SECHS. Sie sucht die Autorität in einer Autoritätsperson oder in einem Glaubenssystem und Sicherheit in einer Art Vollkaskomentalität.

SECHSer berichten häufig von Brüchen in ihrem Lebenslauf. Beispielsweise konnten sie ihre Ausbildung nicht zu Ende führen, weil sie kurz vor der Prüfung von lähmender Versagensangst überfallen wurden. Dazu ROHR / EBERT: *„Viele SECHSer produzieren Situationen, in denen sie am Ende verlieren. Sie sind Pessimisten und haben Angst vor Erfolg. Wenn sie erfolglos sind, ist die Gefahr nicht* *so groß, dass Neider oder Konkurrenten auf den Plan treten. Deswegen umgehen SECHSer Erfolge, spielen sie anderen zu, oder setzen sich so unerreichbare und größenwahnsinnige Ziele, dass der Misserfolg vorprogrammiert ist. SECHSer kämpfen um ihr Überleben, aber nie um Erfolg, der ja nur neue Gefahren in sich birgt. Falls sie doch einmal Erfolg haben, vergessen sie ihn meistens sofort. Jede neue Situation ist für sie bedrohlich, so dass die Erinnerung an frühere Siege unnütz ist. Wenn DREIer notorische Sieger sind, dann sind SECHSer notorische Verlierer. Diese ‚Lust am Verlieren' kann masochistische Züge annehmen."*

‚Ja – aber' sind die beiden am häufigsten verwendeten Worte des Musters SECHS. Ihre Ambivalenz und Widersprüchlichkeit beschreibt RISO 1989 folgendermaßen: Sie sind emotional von anderen abhängig, wollen aber nicht zu viel von sich selbst preisgeben. Sie möchten anderen nahe sein, stellen sie aber zuerst auf die Probe, um zu sehen, ob man ihnen vertrauen kann. Sie sind autoritätsgläubig, fürchten aber zugleich jede Autorität. Sie sind gehorsam und gleichzeitig ungehorsam. Sie fürchten sich vor Aggressionen anderer und sind doch bisweilen selbst höchst aggressiv. Sie suchen nach Sicherheit und fühlen sich doch unsicher. Sie sind liebenswürdig und angepasst und können im nächsten Augenblick gemein und hasserfüllt sein. Sie glauben an traditionelle Werte und können diese dennoch plötzlich unterlaufen. Sie möchten einer möglichen Strafe entgehen, strafen sich oftmals aber selbst.

Diese Widersprüchlichkeit drückt sich auf der positiven Seite aber auch in großartigen Eigenschaften aus. Die Gemeinschaft, der sich eine SECHS verpflichtet fühlt, beispielsweise Familie oder Unternehmen, kann sich auf Zuverlässigkeit, bedingungslosen und harten Einsatz und Verantwortungsbewusstsein verlassen. Allerdings erwarten SECHSer von den anderen Mitgliedern dieser Gemeinschaft quasi im Gegenzug die gleiche Loyalität und Glaubwürdigkeit, wie sie diese erbringen. Eine weitere Gabe vieler SECHSer ist ihre feine Sensorik für alle Arten von bedrohlichen Entwicklungen.

An dieser Stelle sei ein Hinweis gestattet: Eine unterschwellige Erwartungshaltung geht davon aus, dass es unter den neun Mustern ‚bessere' und ‚schlechtere' oder ‚erstrebenswerte' und ‚weniger erstrebenswerte' gibt. Dies drückt sich zum Beispiel in der Frage eines unserer Seminarteilnehmer aus: „Wie erreiche ich es, dass mein Sohn so wird wie ich?" Unsere Antwort darauf war die Gegenfrage: „Warum wollen Sie überhaupt, dass Ihr Sohn so wird wie Sie?" Hier sei explizit betont: Es gibt kein besseres oder schlechteres Muster; also ist auch kein Muster dem anderen vorzuziehen. Jedes Muster hat großartige und schreckliche Potentiale gleichermaßen. Jedes Muster hat Entwicklungspotentiale entlang der Integrationslinie hin zum entwickelten Verhalten und Risikopotentiale in Richtung der Desintegrationslinie hin zum gestörten Verhalten. Hier ist das entwickelte Verhalten, auch gesundes Verhalten genannt, dem normalen Verhalten vorzuziehen; und das normale Verhalten ist dem gestörten Verhalten, das bereits krankhaft ist, vorzuziehen. Die Bewertung findet also nicht horizontal zwischen den neun Mustern statt, sondern vertikal innerhalb der Muster auf der Linie ‚entwickelt – normal – gestört'.

Das **gesunde Selbstwertgefühl** der SECHS drückt sich in der Formel „Ich bin ein liebenswerter, verlässlicher Mensch" aus.

Die **entwickelte SECHS** hat ihre Ängste und auch ihre Abhängigkeit von einer Autorität überwunden. Sie ist selbstbewusst und unabhängig geworden. Das gestärkte Selbstvertrauen führt zu einer positiven Grundhaltung und drückt sich durch Mut und vielfältige Kreativität aus. Die entwickelte SECHS ist attraktiv, liebenswert, freundlich und ausgelassen. Gegenseitiges Vertrauen und das Eingehen dauerhafter Beziehungen sind ihr wichtig. Sie verhält sich der Gemeinschaft gegenüber, mit der sie sich identifiziert, sehr verantwortungsbewusst. Im Umgang mit ihren Mitmenschen ist sie kooperativ, zuverlässig, vertrauenswürdig und einsatzbereit.

Die **normale SECHS** fürchtet sich davor, Entscheidungen zu treffen und die Verantwortung für sich selbst zu übernehmen. Sie identifiziert sich mit einer Autoritätsfigur oder einem Glaubenssystem und tut pflichtbewusst, was ihr aufgetragen wird. Dabei macht ihre Ambivalenz sie unberechenbar und wankelmütig. Sie ist unentschlossen, misstrauisch und ausweichend. Unter Druck wird sie zu einem negativen und verdrießlichen Quertreiber. Um ihre Ängste und Ambivalenz zu kompensieren, kann sie wagemutig und rebellisch werden. Weiter kann sie streitlustig und aggressiv reagieren. Unter Stress wird sie gemein und intolerant und sucht nach Sündenböcken unter ihren Mitmenschen.

Die **gestörte SECHS** lebt in ständiger Angst davor, von ihrer Autoritätsfigur abgelehnt, verraten oder gar verurteilt zu werden. Wenn ihre Abwehrmechanismen gegen die Angst versagen, fühlt sich die gestörte SECHS unter Dauerstress, wird äußerst verunsichert, abhängig bis zur Aufdringlichkeit, verachtet sich selbst und entwickelt Minderwertigkeitsgefühle. Sie neigt zur Depression, wird von Ängsten gequält, empfindet sich als feige, nutzlos und inkompetent. Ihre blühende Phantasie malt sich die schlimmsten Schreckensszenarien aus. Um ihrer Angst zu entgehen, flüchtet sie sich in pathologische Selbstbestrafung und masochistische Verhaltensweisen bis hin zu selbstzerstörerischen

Tendenzen, durchaus mit dem Hintergedanken, daraus durch einen Retter wieder erlöst zu werden.

Bei der **SECHS mit Flügel FÜNF** stehen die Verhaltensaspekte teilweise gegensätzlich zueinander. Während die SECHS sich in Abhängigkeit zu einer Autoritätsfigur begibt, vermeidet die FÜNF jede Abhängigkeit und Beeinflussung von anderen. Entwickelte Menschen dieses Subtyps sind sympathische und interessante Persönlichkeiten. Je stärker bei ihnen der Einfluss von Muster FÜNF ist, desto stärker ist auch ihre intellektuelle Begabung. Durch das Grundmuster SECHS wirken sie dabei eher tüchtig und gescheit. Sie sind scharfe Beobachter ihrer Umwelt und ihrer Mitmenschen und können oft Entwicklungen und Reaktionen voraussehen. Sie erscheinen origineller als der andere Subtyp. Die normale SECHS mit Flügel FÜNF wirkt gehemmt und zynisch, negativ und streitsüchtig. RISO 1989 schreibt dazu: *„Ihre Energie setzen sie am liebsten im Bereich des Rechts und des Geschäftslebens ein. Auch sie erfahren die Umwelt als etwas Bedrohliches; man findet bei ihnen häufig Misstrauen, Geheimnistuerei, Fanatismus und Mitgliedschaft in Organisationen, bei denen der gegenseitige Schutz im Vordergrund steht. Auch sind sie häufig physisch attraktiver als der andere Subtyp; (nach zeitgenössischem amerikanischen Standard gehören zu dieser Gruppe die körperlich attraktivsten Menschen von allen Persönlichkeitstypen überhaupt). Bei ihnen kann Narzissmus (Arroganz, Taktlosigkeit) eine Überkompensation für ihre Unsicherheit und ihre Minderwertigkeitsgefühle sein."* Gestörte Menschen dieses Subtyps sind äußerst misstrauisch und neigen zu Paranoia. Manchmal versuchen sie, ihre Minderwertigkeitsgefühle mit Drogen oder Alkohol zu überspielen. Unter Dauerstress kann es bei ihnen zu Wutausbrüchen oder gar zu Gewalttätigkeiten, begleitet von Realitätsverlust, kommen.

Bei der **SECHS mit Flügel SIEBEN** verstärken sich die Charaktermuster von SECHS und SIEBEN. Dieser Subtyp ist deutlich extrovertierter, geselliger und lebenslustiger als der andere Subtyp. Der gesunde Typ sorgt für Wohlstand und Akzeptanz durch seine Umgebung. Er will glücklich sein und sich sicher fühlen. Er ist liebenswürdig und gesellig, intelligent und vielseitig talentiert. Dadurch hat er häufig Erfolg in Bereichen, die mit Menschen oder einem Publikum in Kontakt stehen: im Sport, in der Unterhaltungsindustrie, in der Kunst oder in der Politik. Normale Menschen dieses Subtyps reagieren auf Angst und Stress ambivalent und unentschlossen, aber auch reizbar, mürrisch und impulsiv. Ihr aggressiv-passives Verhalten verwenden sie, um sich aus unangenehmen Situationen herauszulavieren. Sie reagieren griesgrämig und aggressiv auf Menschen, die ihnen Unbehagen bereiten oder die ihre Ängste wecken. Gestörte Menschen dieses Subtyps begeben sich in Abhängigkeiten und pflegen ihre Minderwertigkeitsgefühle. Sie können nur schlecht mit ihren Ängsten umgehen und verhalten sich unzugänglich und launisch. Sie entwickeln manisches Verhalten und hysterische Überreaktionen. Panikattacken können sich bei ihnen leicht zu selbstzerstörerischen Tendenzen entwickeln.

Die **Integrationslinie** der SECHS führt zum Muster NEUN. Während sich die SECHS auf das entwickelte Verhalten der NEUN hinbewegt, überwindet sie ihre Ängste und ihre Ambivalenz. Dies ist ein Lern- und Entwicklungsprozess, der die Begrenzungen des Musters überwindet, ohne die Stärken des Grundmusters zu verlieren. Es ist ein Integrationsprozess der komplementären Verhaltensweisen. Die feinen Antennen für Bedrohungen und Gefahren aller Art bleiben der SECHS erhalten. Auch die Fähigkeit, Widersprüche, Schwachstellen und Ungereimtheiten in den Argumentationen und Standpunkten der Mitmenschen glasklar zu erkennen. Natürlich wird die Angst auch weiterhin Mitbewohnerin in ihrem inneren Haus bleiben. Sie mahnt und warnt, sie mobilisiert rechtzeitig ihre Energien bei Bedrohungen. Aber die entwickelte SECHS kann verhindern, dass sie wieder zum Haustyrannen wird. Von der Aufgeschlossenheit, der Empfänglichkeit und der Gelassenheit der entwickelten NEUN lernt sie Warmherzigkeit, einladende Freundlichkeit und Gastfreundschaft. Die entwickelte SECHS besitzt einen skurrilen Humor und kann sich aufrichtig freuen und aus ganzem Herzen lachen. In ihre Gemeinschaft bringt sich die entwickelte SECHS verlässlich und verantwortungsbewusst ein. REIFARTH schreibt dazu: *„Als intimer Kenner des komplexen Phänomens Angst, seiner zahlreichen Facetten und merkwürdigen Dynamiken hat er ein besonders feines Sensorium für die Ängste seiner Mitmenschen. Aus diesem tiefen Verständnis heraus kann er die höchst anspruchsvolle Aufgabe bewältigen, das jeweils richtige Maß für Herausforderung, Schonung oder Ermutigung zu finden, das andere Menschen für ihr geistig-seelisches Wachstum benötigen. Seit er Vertrauen zu sich selbst gewonnen hat, findet er den Maßstab für Entscheidungen in sich selbst."*

Die **Desintegrationslinie** der SECHS zeigt auf das Muster DREI. In Stress gerät die SECHS, wenn sie sich mit unerwarteten Veränderungen konfrontiert sieht oder wenn ihre Sicherheitsmaßnahmen versagen. Noch schlimmer ist es für sie, wenn sie sich von der Autoritätsfigur abgelehnt oder verraten fühlt. Gegen diesen Stress werden zunächst ihre Abwehrmechanismen, vorzugsweise die Projektion, aktiviert. Wenn diese Maßnahmen nicht ausreichen, übernimmt die SECHS die Verhaltensweisen der gestörten DREI. Sie verfällt in hektischen

Aktionismus und kompensiert ihre Unsicherheit mit vorgetäuschter Entschlossenheit oder aggressivem Verhalten. In dieser Situation kann die vorgetäuschte Entschlossenheit in überheblich-autoritäres Verhalten und ihre ohnehin vorhandene Besorgtheit in krankhaftes Misstrauen überreagieren. REIFARTH schreibt über diese SECHSer: *„Ihre Loyalität kann sich in feindseligen Hass verwandeln, und sie können auch zu den Mitteln der Lüge, des Betruges oder des Verrats greifen, um die eigene Haut zu retten. Ihre sonst vorherrschende masochistische Tendenz kann in sadistische Destruktivität umschlagen."*

Ursprünge in der Kindheit: Sehr früh schon macht die kleine SECHS die Erfahrung, dass die Welt gefährlich ist und sie immer auf der Hut sein muss. Sie merkt, dass sie selbst nicht genügend innere Stärke besitzt, um mit den Gefahren fertig zu werden. Deshalb sucht sie sich die notwendige Sicherheit außerhalb. Sie identifiziert sich mit dem Vater oder einer Vaterfigur wie dem Großvater oder einem Lehrer. Sie versucht, dieser Vaterfigur auf jede Weise zu gefallen und gefügig zu sein, um sich sicher zu fühlen. Sie vermeidet Fehlverhalten und befolgt die häuslichen Regeln.

ROHR / EBERT: *„Manche SECHSer berichten, dass sie kein Urvertrauen entwickeln konnten, weil sie unbeherrschte, unberechenbare, gewalttätige oder gefühlskalte Eltern hatten. Viele wurden ohne ersichtlichen Grund geschlagen, weil die Eltern auf diese Weise ihre eigenen Konflikte abreagiert haben. Das hatte mehrere mögliche Konsequenzen: diese Kinder mussten entweder nach einem Beschützer Ausschau halten, dem sie vertrauen konnten; oder sie mussten lernen, die kleinsten Anzeichen nahender Gefahr zu wittern, um rechtzeitig Deckung zu suchen; oder sie mussten der drohenden Gefahr aggressiv zuvorkommen."*

Das **Dilemma** der SECHS ist ihr permanentes Streben nach immer mehr Sicherheit. Sie sucht diese bei einer Autoritätsperson oder einem Glaubenssystem. Zugleich bleibt sie aber misstrauisch. Während sie im einen Augenblick gehorsam und angepasst ist, rebelliert sie im nächsten und tut genau das Gegenteil von dem, was ihr die Autorität sagt. SECHSer lieben konservative und geschlossene Systeme. Sie haben einen Hang zum Fundamentalismus jedweder Ausprägung. Der Auslöser für dieses Sicherheitsstreben ist Angst. RISO 1989 schreibt dazu: *„Indem sie ihrer Angst nachgeben, beschwören SECHSen unabsichtlich ihre Grundangst (preisgegeben zu werden) herauf und verlieren gleichzeitig ihr Grundbedürfnis (die emotionale Sicherheit) aus den Augen. Angst und Furcht sind die Zwillingsungeheuer, die SECHSen bedrohen, und wenn die SECHSen sie nicht bezwingen, werden sie lebendigen Leibes aufgefressen."*

Der **Hauptabwehrmechanismus** der SECHS ist Projektion. Das, was im eigenen Inneren unbewältigt oder konfliktträchtig ist, wird nach außen auf das Umfeld oder die Mitmenschen übertragen. Dort kann es dann so herrlich bekämpft werden. Tieferer Sinn der Projektion ist es nach Auffassung von NARANJO, sich selbst zu entlasten oder Kritik zu vermeiden. Man muss davon ausgehen, dass die SECHS den Mechanismus ,Rechtfertigung und Schuldzuweisung' durch permanente Übung ausgezeichnet beherrscht. Misserfolg und Versagen sucht sie nicht bei sich selbst, sondern bei anderen Menschen oder noch besser bei den Umständen. Als ,Opfer der Umstände' ist sie nicht verantwortlich. Auf diesen Blockade-Mechanismus ,Rechtfertigung und Schuldzuwiesung' sind wir an anderer Stelle ausführlich eingegangen.

Zum Muster SECHS ein Zitat aus NESSER: *„Polizeichef deKlerk zupfte sich nachdenklich am rechten Ohrläppchen und blinzelte Inspektorin Moerk zu. ,Aha, so soll der Fall also liegen?' fragte er. ,Ich muss sagen, ich bin ein wenig skeptisch.' Beate Moerk zuckte mit den Schultern. Sie war es gewohnt, dass ihr Chef skeptisch war. Wollte man ein wenig übertreiben, dann konnte man sogar behaupten, dass das seine hervorstechendste Eigenschaft war. Der Zweifel. Sie arbeitete jetzt seit gut sechs Jahren mit ihm zusammen und wusste, dass er nie die Katze im Sack kaufte. Nie etwas als gegeben hinnahm. Wenn jemand aufs Revier kam und deKlerk erklärte, da stünde ein rotes Auto auf dem Markt im Halteverbot, konnte er denjenigen, ohne mit der Wimper zu zucken, fragen, ob es sich nicht doch um ein blaues handelte. Oder sogar um einen Trecker."*

Auch das Muster SECHS stellen wir zusammenfassend in seinen neun **Entwicklungsstufen** vor. Die Stufen 1 bis 3 entsprechen wieder dem entwickelten oder gesunden Verhalten, die Stufen 4 bis 6 dem normalen Verhalten und die Stufen 7 bis 9 dem gestörten oder krankhaften Verhalten. Die Palette der Untertypen reicht vom Selbstbewussten bis zum Hysteriker. In der entwickelten Variante ist er selbstbewusst, verantwortungsbewusst und kooperativ. Der normale Typ ist Traditionalist und Organisator; pflichtbewusst, aber auch unentschlossen, vorsichtig und zweiflerisch. Der gestörte Subtyp ist unsicher, abhängig, voller Selbstverachtung und fühlt sich unterlegen. Er wird überängstlich, selbstzerstörerisch und masochistisch.

Die neun Entwicklungsstufen dieses Grundmusters

Entwickelte SECHS – Stufe 1: Die selbstbewusste Persönlichkeit

Sie hat es gelernt, sich selbstbewusst durchzusetzen. Sie besitzt Selbstsicherheit, wird akzeptiert und fühlt sich wohl in ihrer Haut. Ihr Selbstvertrauen erwächst aus der Kenntnis des eigenen Wertes, ohne dass sie sich auf eine Autorität beziehen müsste. Sie ist durch und durch kooperativ, ein gleichwertiger Partner, der ohne Angst mit anderen in Interaktion treten kann.

Entwickelte SECHS – Stufe 2: Der liebenswerte Mensch

Er glaubt, andere Menschen zu brauchen, und meint, sein Wohlbefinden hinge vom Anknüpfen und Aufrechterhalten positiver Beziehungen ab. Vertrauen ist sein wichtigstes Thema. Er möchte jemanden finden, der ihm die ersehnte Sicherheit und Akzeptanz bietet. Dazu entwickelt er die Fähigkeit, andere Menschen emotional anzuziehen und zu binden.

Entwickelte SECHS – Stufe 3: Der loyale Freund

Sein Bedürfnis, andere Menschen an sich zu binden, ist immer ein wenig von Angst überschattet. Deshalb möchte er auch dauerhafte Verbindungen eingehen. Um dazu etwas beizutragen, engagiert er sich besonders stark, verhält sich außergewöhnlich loyal und sehr zuverlässig. Seine Treue ist dauerhaft, da sie nicht auf einer oberflächlichen Entscheidung beruht, sondern auf einer tiefen Identifikation, die zum wichtigen Teil seiner selbst geworden ist.

Normale SECHS – Stufe 4: Der gehorsame Traditionalist

Er hat sich für eine Person, Gruppe oder Idee entschieden und entwickelt nun Scheu davor, Verantwortung für sich selbst zu übernehmen. Er möchte sich sicher fühlen und unterwirft sich dafür den Regeln der Gruppe oder der Zustimmung durch die Autoritätsperson. Er ist nicht mehr unabhängig und Unabhängigkeit ist ihm auch nicht wichtig. Er hat es gern, wenn man ihm sagt, was er tun soll.

Normale SECHS – Stufe 5: Der Ambivalente

Er ist sehr gehorsam, beginnt sich aber zu fragen, was die anderen wohl von ihm denken. Zur Aufrechterhaltung seiner Selbstachtung braucht er es, dass er sich zumindest manchmal gegen die Autorität auflehnt. Er möchte keinesfalls mit dem Gefühl leben, man nutze ihn aus oder würde ihn nicht respektieren. Jetzt sind seine Schwankungen deutlich zu sehen – vom Gehorsam zur Ambivalenz, von der Fügsamkeit zur Auflehnung. Er beginnt andere Menschen mit einem gewissen Misstrauen zu betrachten und sie auf die Probe zu stellen.

Normale SECHS – Stufe 6: Der Angstbeißer

Er überkompensiert seine Ambivalenz und Unsicherheit, indem er selbst anderen Menschen gegenüber außergewöhnlich aggressiv wird. Dadurch beweist er sich selbst, dass er durchaus nicht ängstlich, unentschlossen und abhängig ist. Er betont die aggressive Seite seiner aggressiv-passiven Ambivalenz, um dadurch die passive Seite zu unterdrücken. Er wird zur Karikatur einer Autorität, ein Leuteschinder und aufgeblasener Tyrann, schwach – und wegen dieser Schwäche besonders gefährlich.

Gestörte SECHS – Stufe 7: Der verunsicherte Mensch

Er beginnt zu fürchten, dass er seine Beziehung zu der bestimmenden Autorität aufs Spiel gesetzt hat und dass er deshalb auf eine Strafe warten müsse. Er wird von heftigen Ängsten ergriffen und sucht immer wieder Versicherungen dafür, dass die Beziehungen zur Autorität noch intakt sind. Hinter der Maske des harten autoritären Menschen verbirgt sich ein ängstliches und verunsichertes Kind.

Gestörte SECHS – Stufe 8: Der Hysteriker

Er setzt sich nicht nur selbst ständig herab, sondern neigt zu überschießenden Reaktionen und wird hysterisch. Er ist voller Angst, weil er die Fähigkeit verloren hat, seine Angst unter Kontrolle zu halten. Er wird irrational und hysterisch, wenn er über sich selbst nachdenkt, und misstrauisch und paranoid, wenn er an andere denkt. Seine Unsicherheit ist zu einem Zustand frei fluktuierender Angst eskaliert, die so stark geworden ist, dass er die Realität nur noch irrational wahrnimmt und alles zur Krise aufbauscht.

Gestörte SECHS – Stufe 9: Der selbstzerstörerische Masochist

Wenn seine Überreaktionen andere Menschen nicht dazu veranlassen, ihm die gesuchte Hilfe zu geben, provoziert er Bestrafungen, um überhaupt in eine

Beziehung zu treten, selbst wenn es eine masochistische ist. Er beginnt, sich selbst zu zerstören. Er erniedrigt und demütigt sich selbst, damit er vor einem noch schlimmeren Schicksal bewahrt bleibt. Sein Masochismus bietet ihm dabei kein Vergnügen, sondern er hofft, sein Leiden werde jemanden anziehen, der sich ihm zur Seite stellt, um ihn zu retten.

Kapitel B7: Zum Nachschlagen – Der Lebenskünstler

Bei Rudi Rastlos ist das Denken und das Fühlen unterentwickelt und wird durch das Handeln dominiert. Er sieht im ersten Moment auch nicht ‚verkopft' aus. Bis wir feststellen, dass all sein Charme, Humor, alle Phantasie und sein optimistisches Gemüt vor allen Dingen dazu dient, sich vor Ängsten und Schmerzen zu schützen. Dies ist auch eine der besonders interessanten Erkenntnisse des Enneagramms: Das Glück und die Lust der SIEBEN, ausgedrückt in immer neuen Plänen für eine bessere Zukunft oder ein gesteigertes Vergnügen, wird genauso im Kopf konzeptualisiert wie Angst und Zweifel der SECHS.

Das **Grundmuster SIEBEN** ist lustorientiert und hier stellvertretend mit dem Begriff ‚Der Lebenskünstler' belegt. Aber auch dies ist nur ein Aspekt dieses Musters, dem wir den Namen Rudi Rastlos gegeben haben. Das Muster SIEBEN drückt sich im Spannungsfeld der Pole Schmerz und Lust aus, wobei die meisten Aktivitäten der SIEBEN darin bestehen, den Pol Schmerz zu Gunsten des Pols Lust zu verdrängen. In diesem Muster finden wir den Lebenskünstler wie den Genießer, den Lebenslustigen wie den Hyperaktiven und in der gestörten Form auch den Triebhaften wieder.

SIEBENer sind die notorischen Optimisten des Enneagramms, obwohl sie direkt neben dem Pessimisten, nämlich dem Muster SECHS, beheimatet sind. Die SIEBEN strahlt Optimismus und Lebensfreude aus, steckt voller Idealismus und Zukunftsplänen, ist charmant, humorvoll und voller Einfallsreichtum. Sie verdrängt negative oder schmerzhafte Erfahrungen und verklärt diese im Nachhinein. Für Menschen vom Muster SIEBEN ist das Leben wundervoll, es ist ein Abenteuer voller angenehmer Überraschungen. Die SIEBEN ist wie ein

Schmetterling, der von Blüte zu Blüte flattert, der ständig Abwechslung, Stimulation und neue Erlebnisse braucht. Sie denkt ständig an neue positive Optionen und verdrängt oder vertagt Unangenehmes oder Routine. Ein SIEBENer braucht ständig seinen Adrenalinschub und hat Champagner im Blut. All sein Aktionismus dient dazu, jede Art von Schmerz oder Mangel zu verdrängen oder zu ignorieren. Weil er nur die angenehmen Seiten des Lebens will, filtert er die unangenehmen Aspekte der Realität aus und schafft sich damit eine eigene lustbetonte Wirklichkeit. Manchmal aber kann man hinter der Fröhlichkeit, der Unbeschwertheit und dem Lächeln eine tiefe Traurigkeit erkennen. Die SIEBEN hat ein überzogenes Bedürfnis nach Spaß, Freude und Vergnügen, meidet aber alle Festlegungen und Bindungen. Sie ist bindungsscheu und nicht zuverlässig. Sie hat gern alles auf einmal und am besten sofort. Ihr Wahlspruch könnte lauten: „Ich kann mich gar nicht so schnell vergnügen, wie ich gerne möchte." Oder auch: „Man lebt nur einmal. Aber wenn man es richtig macht, genügt das." Die SIEBEN hat einen selbstverständlichen Anspruch auf Genuss, verbindet dies aber mit einem Hang zur Oberflächlichkeit. Vergangenes wird schöngeredet, Erinnerungen glorifiziert und das Bedrückende und Unangenehme sowie Mangel und Schmerz einfach ausgeblendet. Die Weltsicht der SIEBEN hat eine Verzerrung in Richtung Optimismus. REIFARTH schreibt dazu: *„Schwierig wurde es immer dann, wenn es die Umstände verlangten, sich einer einzigen Sache oder einer einzigen Handlungsweise zu verpflichten. Das bedeutete zwangsläufig, sich gegen die anderen Möglichkeiten zu entscheiden. Es entstand das mulmige Gefühl, mit dieser Entscheidung für das eine die vielen anderen Gelegenheiten zu verpassen. Wenn eine Situation anfing, belastend oder gar qualvoll zu werden, waren sie bei den ersten, die das Feld räumten, selbstverständlich charmant und verbindlich. Denn genauso wie für Gelegenheiten, die ein Vergnügen oder gar dessen Steigerung versprachen, hatten sie hyperfein reagierende Sensoren auch für das Gegenteil. Eine äußerst gesteigerte Empfindlichkeit und hohe Durchlässigkeit für Reize und Eindrücke von außen trieben sie nicht selten in eine fast manische Hyperaktivität: Vor ihnen lagen die irre vielen Möglichkeiten, alle schienen ihrerseits nach Verwirklichung zu gieren. Von außen sah es wie Erlebnisheißhunger aus, eine hohe Drehzahl war selbstverständlich, der dabei entstehende Nervenkitzel wirkte als zusätzliches Stimulans. Good Vibrations – das ganze Leben als ein gigantisch-vibrierendes Spannungsfeld, einfach Wahnsinn"!*

Das **gesunde Selbstwertgefühl** der SIEBEN ergibt sich aus der Aussage „Ich bin ein glücklicher, leidenschaftlicher Mensch."

Die **entwickelte SIEBEN** ist eine lebenszugewandte Frohnatur, die gute Laune verbreitet, ihre Erfahrungen mit Tiefgang verarbeitet und den Wundern des Lebens voller Faszination, Achtung und Dankbarkeit gegenübersteht. Sie ist mit vielen verschiedenen Talenten gesegnet und präsentiert sich als erfolgreicher Lebenskünstler. Sie ist glücklich, munter, voller Energie und Aktivität, Begeisterungsfähigkeit und Spontaneität.

Die **normale SIEBEN** will sich amüsieren und möglichst viele verschiedene Erfahrungen machen. Materieller Besitz ist ihr wichtig, um sich immer neue Vergnügungen leisten zu können. Sie stürzt sich ständig in neue Aktivitäten. Um der Langeweile zu entgehen, sucht sie nach immer neuen Reizen und Anregungen, ist in ständiger Bewegung und läuft immer irgendwelchen Zerstreuungen nach. Dabei wird sie hemmungslos, flatterhaft, schwatzhaft, extravagant und großspurig, schließlich ausschweifend und zügellos. Ohne Gespür für ihre Mitmenschen kann sie zu schlechtem oder rüdem Benehmen neigen. Im Exzess neigt sie zu übermäßigem Alkoholgenuss und auch Drogenkonsum.

Die **gestörte SIEBEN** gibt sich Ausschweifungen aller Art hin. Sie ist schnell frustriert und fordert auch in ausfallender Art ein, was sie braucht, um ihren Vergnügungen nachzugehen. Sie reagiert impulsiv, manchmal verletzend und neigt zu Wutanfällen. Sie hat sich nicht mehr unter Kontrolle. Sie gibt ihren Impulsen nach, kann dabei auch die Beherrschung verlieren und unterliegt sprunghaften Stimmungsschwankungen. Sie handelt zwanghaft und ist auch plötzlichen Panikattacken ausgeliefert.

Die Verhaltensaspekte der **SIEBEN mit Flügel SECHS** stehen miteinander im Gegensatz. Die SECHS ist mehr auf Menschen orientiert, während die SIEBEN sich Erfahrungen hingibt. Beide Muster weisen jedoch auch Abhängigkeiten auf. Muster SECHS sucht Sicherheit und Akzeptanz bei ihren Mitmenschen, Muster SIEBEN ist davon abhängig, dass ihn seine Umwelt glücklich macht. Entwickelte Menschen dieses Subtyps sind liebenswert und anziehend. Man fühlt sich in ihrer Gesellschaft wohl, da sie kurzweilig und humorvoll sind. Sie sind oft sehr großzügige und gute Gastgeber. Scheinbar weisen sie gegensätzliche Verhaltensaspekte auf. Sie sind charmant und zugleich forsch, verletzlich und doch robust, spontan aber zugleich auch abhängig. Normale Menschen dieses Subtyps wirken defensiv und impulsiv, aber doch auch unsicher in ihren Entscheidungen. Sie suchen Konsens, fürchten sich vor Einsamkeit. Sie sind materialistisch, neigen aber mehr dazu, ihren Besitz zusammenzuhalten. Der Flügel zur SECHS mildert die Aggressivität der SIEBEN, verstärkt aber auch seine Angst. Gestörte Menschen dieses Subtyps sind sehr unsicher. Sie sind abhängig von Zuneigung und Akzeptanz durch ihre Mitmenschen, entwickeln aber Minderwertigkeits- und Angstgefühle. Sie werden leicht hysterisch und wirken oft hilflos. Dieser gestörte Subtyp neigt zu selbstzerstörerischen Tendenzen und dramatischen masochistischen Episoden.

Bei der **SIEBEN mit Flügel ACHT** verstärken sich die aggressiven Aspekte beider Muster. So sind sie aggressiv in ihren Ansprüchen an die Umwelt, aber auch in der Durchsetzung dieser Ansprüche. Gesunde Menschen dieses Subtyps sind überschwänglich und ausgelassen. Sie haben Selbstvertrauen und das Durchsetzungsvermögen, alle Hindernisse und Schwierigkeiten zu überwinden. Sie haben eine rasche Auffassungsgabe, sind außerordentlich tüchtig und erfolgreich. Normale Menschen dieses Subtyps sind praktischer, weltgewandter und extrovertierter als der andere Subtyp. Sie wissen, was sie wollen, und setzen ihre Vorstellungen ohne Rücksicht auf die Befindlichkeiten ihrer Mitmenschen durch, manchmal auch ohne Rücksicht auf Moral und Gesetz. Sie sind energisch und konfliktbereit. Dieser Subtyp ist härter und willensstärker als der andere, aber auch materialistischer und hedonistischer. Gestörte Menschen dieses Subtyps sind vollkommen rücksichtslos und nehmen sich, was sie haben wollen. Damit können sie außerordentlich gefährlich für ihre Mitmenschen werden. Dies kann sich bis hin zu Gewalt und Zerstörungswut ausdrücken.

Wenn sich die SIEBEN auf ihrer **Integrationslinie** in Richtung des entwickelten Verhaltens der FÜNF bewegt, weicht die oberflächliche Vergnügungssucht einer tiefempfundenen Lebensfreude. Dabei hat die SIEBEN nichts von ihrer optimistischen, lebensbejahenden Ausstrahlung eingebüßt. Sie erlebt eine beinahe ehrfürchtige Dankbarkeit für ihre vielseitigen Begabungen, die ihr wie ein Geschenk vorkommen. Sie lässt sich auf tiefgreifende Erfahrungen ein und geht selbst stärker auf die Befindlichkeiten ihrer Mitmenschen ein. Ihre Kommunikation verliert den plapperhaft-geschwätzigen Grundton und erhält mehr Tiefgang. Sie verlangsamt ihr Lebenstempo und lernt, das Leben in seiner ganzen Komplexität wahrzunehmen und zu akzeptieren: Das Schöne und das Hässliche, das Angenehme und das Schmerzhafte. Sie verdrängt die unangenehmen Aspekte nicht mehr und wird damit ganz und heil.

Die **Desintegrationslinie** der SIEBEN zeigt zum gestörten Verhalten der EINS. Unter Stress hat die gestörte SIEBEN ihre Handlungen nicht mehr in der Gewalt und neigt zu manischem Verhalten. Die SIEBEN gerät unter Stress, wenn ihre attraktiven Zukunftspläne oder ihre übersteigerte Vergnügungssucht sich nicht mehr erfüllen lassen. Dann verliert sie ihre freundlich-optimistische Ausstrahlung. Sie wird wie die gestörte EINS aggressiv, grollt, hadert mit dem

Schicksal. Die Angst, mit Mangel oder mit schmerzhaften Erfahrungen in Berührung zu kommen, macht sie intolerant, rigide und verbohrt und lässt sie hyperaktiv werden. Wer sich ihr in den Weg stellt oder ihre Ansicht nicht teilt, wird kritisiert und lächerlich gemacht. Sie verhält sich ihren Mitmenschen gegenüber zwanghaft, strafend und rachsüchtig. Dazu sucht sie manchmal Zuflucht in geschlossenen Systemen und verteidigt diese aggressiv, anmaßend und rechthaberisch. Die Ursache für ihre Situation sucht sie bei anderen und gibt ihnen die Schuld für die eigene missliche Lage. Der Charmebolzen wird unter Dauerstress zum rachsüchtigen Miesepeter.

Ursprünge in der Kindheit: Menschen mit Muster SIEBEN haben häufig in ihrer Kindheit eine Mangelsituation wie Armut, Krieg oder eine lange Krankheit erlebt oder einen Trennungsschmerz erlitten wie beispielsweise den Verlust der Eltern. Sie berichten oft von einer negativen Beziehung zu ihrer Mutter oder der Mutterfigur. Sie konnten nicht das Gefühl der Geborgenheit entwickeln, wie es in intakten Familien erlebt wird. Als Kompensation für die entgangene Fürsorge haben sie gelernt, sich ihre Bedürfnisse selbst zu erfüllen. Die Jagd nach dem Glück wird so zum Ersatz für entgangene Mutterliebe.

Das **Dilemma** der SIEBEN besteht darin, dass sie wirkliches Glück und die echte Lebensfreude nicht dort finden kann, wo sie diese sucht: in der Außenwelt. So braucht sie auf diesem Weg immer stärkere Reize und Impulse, um ihre Angst vor Schmerz, Mangel oder Langeweile zu verdrängen. Aber je mehr sie auf diesem Wege erlebt, desto näher kommt der Zeitpunkt, zu dem sie alles konsumiert und erlebt hat und eine Steigerung nicht mehr möglich ist. Dann lässt sich die Angst und die dunkle Seite nicht mehr verdrängen und schüttelt die SIEBEN in ihren Klauen. Dieses Dilemma kann die SIEBEN auflösen, wenn sie ihre verdrängte Seite zulässt und sich ihr stellt. Wenn sie nicht mehr verdrängt, sondern durchlebt, verarbeitet und integriert. So wie es die Integrationslinie als empfohlene Entwicklungsrichtung vorschlägt. Dies bedeutet für die SIEBEN, die Suche nach Glück und Lebensfreude in der Außenwelt aufzugeben, um diese in der Innenwelt zu finden. Das bedeutet einen großen, aber lohnenden Entwicklungsschritt für das Muster SIEBEN.

Die **Hauptabwehrmechanismen** der SIEBEN sind Verdrängung, Rationalisierung und Idealisierung. Sie ist darauf fokussiert, Schmerz, Mangelsituationen und alle Anzeichen von Langeweile zu verdrängen. Unter Rationalisierung versteht man einen seelischen Vorgang, bei dem Handlungen, Gedanken und Gefühlen eine rational stimmige und moralisch akzeptable Begründung gegeben wird. Die Idealisierung überhöht eine gegebene Situation und spricht ihr die Qualität ‚Vollkommenheit' zu. Diesen komplexen Vorgang kann man auch vereinfacht mit dem Begriff ‚Schönreden' umschreiben.

Zusammenfassend stellen wir nachfolgend das Muster SIEBEN in seinen neun **Entwicklungsstufen** vor. Die Palette der Untertypen reicht vom Lebenskünstler bis zum Triebhaften. Der entwickelte Subtyp ist voller Lebensfreude, belastbar, produktiv und tüchtig. Der normale Typ ist fordernd, materialistisch und neigt zur Übertreibung. Der gestörte Typ ist ausschweifend, infantil und suchtgefährdet. Er neigt zu hysterischen und panischen Reaktionen, wenn seine Verdrängungsmechanismen scheitern.

Die neun Entwicklungsstufen dieses Grundmusters

Entwickelte SIEBEN – Stufe 1: Der Genießer

Im besten Fall ist er Realist genug, um der Welt zu begegnen, wie sie ist. Er entdeckt, dass alles, was das Leben für ihn bereithält, genug ist, um ihn zufriedenzustellen. Er wird durch eine tiefe Erfahrung der Realität geradezu ekstatisch glücklich. Er liebt das Leben, wie es ist.

Entwickelte SIEBEN – Stufe 2: Der glückliche Enthusiast

Er ist für Erfahrungen in einer Weise offen, wie kein anderer Persönlichkeitstyp. Die sinnliche Welt erregt ihn. Er möchte, dass seine Begeisterung für sie so lange wie möglich anhält und so vielfältig und angenehm wie möglich ist. Er lebt eher in einer äußeren Welt, in einem Netzwerk von Aktivitäten und Interessen. Er macht sein seelisches Glücksempfinden, das Gefühl der Euphorie, zum Ziel seines Lebens.

Entwickelte SIEBEN – Stufe 3: Der tüchtige Alleskönner

Er ist vital und enorm enthusiastisch. Dabei ist er auch außerordentlich praktisch und produktiv und ihm gelingt eigentlich alles, was er anfasst. Er ist überreichlich begabt und es ist erstaunlich, an wie vielen Dingen er seinen Spaß hat. Er kommt mit allem beneidenswert gut zurecht: Er spricht möglicherweise mehrere Sprachen, spielt mehrere Musikinstrumente, ist in seinem Beruf außerordentlich tüchtig, kann gut kochen, Skifahren, weiß Bescheid über Kunst, Musik, Theater und vieles andere mehr.

Normale SIEBEN – Stufe 4: Der welterfahrene Lebenskünstler

Da er solche Lust an Erfahrungen hat, beginnt er zu fürchten, er könne etwas verpassen, wenn er sich nur auf ein oder zwei Dinge konzentriert. So kann er allmählich von dem, was ihn glücklich gemacht hat, nicht mehr genug bekommen. Er muss alles einmal ausprobiert haben, um auf jeden Fall der Angst zu entgehen, dass er etwas verpasst haben könne. Er ist weniger produktiv und mehr materialistisch, weniger schöpferisch als gierig.

Normale SIEBEN – Stufe 5: Der hyperaktive Extrovertierte

Je mehr er tut, desto anspruchsloser wird er hinsichtlich Vielfalt und Qualität seiner Erfahrungen. Er fürchtet, es könne auch nur einen Augenblick nichts los sein, denn dann hätte die Angst eine Chance, sich in ihm breit zu machen. Er ist unentwegt in Bewegung und verschleudert gleichsam seine Energie nach außen in einer zentrifugalen Flucht vor sich selbst.

Normale SIEBEN – Stufe 6: Der exzessive Materialist

Er fordert mehr desselben, was ihn einmal zerstreut und vergnügt hat. Er wird gierig und aufdringlich und besteht darauf, dass andere ihm seine Wünsche sofort erfüllen. Er legt großen Wert darauf, viel zu haben und sich alles, was er will, sofort zu verschaffen. Geld spielt bei ihm eine überragende Rolle. Sein Lebensstil ist ganz offensichtlich materialistisch. Er führt ein aufwendiges Leben, bei dem Prestige und Zurschaustellung von Reichtum eine große Rolle spielen. Er ist ein gieriger Konsument und verhält sich in jedem Lebensbereich exzessiv.

Gestörte SIEBEN – Stufe 7: Der impulsive Aktivist

Er kann sich gar nicht vorstellen, warum er unglücklich oder unzufrieden ist, denn er besitzt doch so ungeheuer viel von den guten Dingen im Leben. Sein Verhalten ist hemmungslos geworden. Er stürzt sich jetzt vielleicht in sexuelle Eskapaden, in Trink- und Drogengelage, bis er vor lauter Ausschweifung ganz heruntergekommen ist. Er ist immer auf der Suche nach einem neuen Nervenkitzel und einem neuen Fluchtweg vor sich selbst.

Gestörte SIEBEN – Stufe 8: Der triebhafte Mensch

Er bringt nur Chaos in seine Umgebung und seine Beziehungen, da er vollständig unkontrolliert und sowohl in seinem Verhalten als auch in seinen Stimmungen sehr instabil wirkt. Er ist chaotisch und unberechenbar wie ein Tornado. Er fühlt sich als der Größte und lebt ständig in Übererregung.

Gestörte SIEBEN – Stufe 9: Der in panischer Angst lebende Mensch

Er hat einen Punkt erreicht, an dem er alles in der Welt konsumiert hat. Die Angst vor der Langeweile, die er bisher durch ständige Aktivitäten unterdrücken konnte, dringt nun in sein Bewusstsein. Er hat geradezu hysterische Angst vor ihr, fühlt sich wie von einem wilden Untier gehetzt, zitternd und unfähig zum Handeln. Seine Abwehrmechanismen brechen plötzlich und vollständig zusammen. Er erlebt die realen Situationen wie einen Alptraum, aus dem es für ihn aber kein Entrinnen durch Aufwachen gibt.

Kapitel B8:
Zum Nachschlagen – Der Machtmensch

Bei Max Mächtig ist das Handeln überentwickelt und dominiert sowohl das Denken als auch das Fühlen. Max verhält sich wie der typische Revierbesitzer und müht sich ab, die Beziehungen in seinem Revier zu dominieren.

Das **Grundmuster ACHT** ist machtorientiert und hier stellvertretend mit dem Begriff ‚Der Machtmensch' belegt. Wir haben diesem Muster den Namen ‚Max Mächtig' gegeben. Im System der komplementären Wahrnehmungs- und Verhaltensmuster erschließt sich uns die ACHT in der Linie Stärke/Schwäche. Sie vermeidet es, Schwäche zu zeigen und demonstriert Stärke, wo immer es geht. Neben dem Anführer finden wir in diesem Muster in seiner entwickelten Form auch den Großmütigen, aber auch in der normalen Ausprägung den Abenteurer und den Machtmenschen, sowie in der gestörten Form den rücksichtslosen Tyrannen und den größenwahnsinnigen Zerstörer.

Die ACHT ist voller Unternehmungsgeist und Abenteuerlust. Sie umfasst den krassen Individualisten und Machtmenschen, den typischen Revierbesitzer, der von der Bauchenergie dominiert wird. Sie hat ihre Umgebung fest im Griff und ist dabei aggressiv und expansiv. Sie liebt Konfrontationen und gibt sich kämpferisch und streitlustig. Die Herrschsucht der ACHT manifestiert sich im Anspruch: „Tu, was ich dir sage, denn ich habe Macht über dich. Ich werde dich bestrafen, wenn du mir nicht gehorchst!"

Nach außen wirkt die ACHT stark und mächtig. Ihre Bereitschaft zur Expansion ist häufig bereits an ihrer Figur erkennbar. Sie hat ein Gespür für Wahrhaftigkeit und Gerechtigkeit und erfasst intuitiv, wenn Unehrlichkeit und Ungerechtigkeit am Werke sind. Das spricht sie offen und direkt an. Wenn sich die ACHT für etwas engagiert, bringt sie dafür große Energie auf. Man kann sich auf ihr Wort verlassen. Die fundamentale Erfahrung der ACHT ist, dass das Leben bedrohlich und feindlich ist und dass man anderen Menschen nicht einfach vertrauen kann. Sie genießt es auch, in Opposition zu gehen. Oft sind Abwehr und Verneinung ihre ersten Reaktionen auf neue Situationen, Ideen oder Menschen.

Ein wesentliches Merkmal der ACHT ist ihr Streben nach Gerechtigkeit oder besser nach dem, was sie für Gerechtigkeit hält. Denn es ist ja doch immer nur ihre subjektive Gerechtigkeit, die sie für objektiv ausgibt. Diese Leidenschaft für Gerechtigkeit führt häufig auch dazu, dass sie Partei für die Schwachen ergreift und sich auf die Seite der Unterdrückten und Schutzlosen stellt. Unbewusst weiß sie, dass hinter ihrer Fassade aus Härte und Unverwundbarkeit ein kleines, schwaches Kind steckt. Dies verwundbare Kind, das sich nach Zärtlichkeit sehnt, ist allerdings tief in ihrem Innern verborgen. Die ACHT ist unsicher gegenüber diesem inneren Kind. Aber sie entdeckt es manchmal in anderen Menschen und will es beschützen: ein typisches Beispiel für Projektion.

Die ACHT verträgt keine andere Macht und Autorität. Sie ist um der Gerechtigkeit willen bereit, bestehende Macht und Autoritäten mit allen Mitteln zu bekämpfen. Ist sie allerdings selber an der Macht, unterdrückt sie ihre Mitmenschen und versucht, auf allen Gebieten die Kontrolle auszuüben; vorzugsweise die Kontrolle über die Beziehungen zu ihren Mitmenschen. Sie merkt dabei nicht, dass ihr Verhalten den Menschen in ihrer Umgebung Angst einflößt. Ihr macht Kampf und Auseinandersetzung Spaß und sie meint, das gelte auch für alle anderen Menschen. Das aggressive Verhalten der ACHT dient häufig dazu, eine künstliche Fassade eines Mitmenschen zu erschüttern. Sie hasst Unklarheit und will wissen, woran sie ist: Wer ist Freund und wer ist Feind. Diplomatisches Verhalten ist ihr unbekannt.

Diese Aggressionen der ACHT fordern die Aggressionen der Mitmenschen heraus. Daher wird die ACHT häufig gefürchtet und gehasst. Aber die ACHT braucht die Kontrolle über ihr Revier und über ihre Mitmenschen. Die ACHT will Klarheit, denkt in Schwarz oder Weiß. Sie lehnt Grautöne und Kompromisse ab. Sie kennt nur Freund oder Feind, gut oder böse, stark oder schwach.

ROHR / EBERT (S. 172f.) beschreibt als typisches Beispiel für eine ACHT die Biographie des amerikanischen Schriftstellers Ernest Hemingway.

„Seine Leidenschaften waren Boxkampf, Partys, Jagen und Fischen (vor allem das Angeln von Speerfischen, die bis zu 400 kg schwer werden können und von Haien angegriffen werden; er hat diese Obsession in seinem Roman ‚Der alte Mann und das Meer' verarbeitet).

Als Kapitän seiner selbstentworfenen Yacht forderte er von allen Mitreisenden absoluten Gehorsam. Seine Wutausbrüche waren gefürchtet. Vor allem, wenn seine Schriftstellerei oder seine Männlichkeit angegriffen wurden, sann er auf Rache. Sein Freund, der Photograph Robert Capa, sagte dazu: ‚Papa (Hemingway) kann zorniger sein als Gott an einem rauen Tag, wenn sich die ganze Menschheit schlecht aufführt.'

Andererseits konnte er sehr großzügig sein, wenn Menschen unverschuldet in Not geraten waren: ‚Um ein zivilisierter Mensch zu sein, brauchst du zwei Qualitäten: Mitleid und die Fähigkeit, Schläge abzufangen.'

Hemingway war viermal verheiratet, daneben hatte er nach eigenen Aussagen eine Reihe weiterer intimer Frauenbeziehungen. Gegen Ende seines Lebens verfiel er einer Art geistiger Umnachtung; er wurde von unerklärlichen Angstzuständen heimgesucht und konnte nicht mehr schreiben. Nach mehreren misslungenen Selbstmordversuchen gelang es ihm im Juni 1961, sich mit seiner Entenflinte zu erschießen. Durch diesen Tod hat er ein letztes Mal ‚die Niederlage um ihren Triumph gebracht, ... den Ereignissen ihren Lauf vorgeschrieben und die letzte Entscheidung zur eigenen gemacht', wie Walter H. Nelson sagt.

Soweit jedenfalls der Mythos. Kenneth S. Lynn hat in seiner neuen Biographie versucht, diesen Mythos zu entzaubern. Er weist zum Beispiel nach, dass Hemingway selbst seine ‚Heldentaten' aus dem Ersten Weltkrieg nachträglich immer mehr aufgebläht hat und beschreibt den Autor als pathologischen

Macho, ‚ein Muttersöhnchen, seit dem Babyalter von der Mama in seiner Geschlechterrolle so irritiert, dass er sein Leben lang ein maskulines Super-Ego aufbauen musste.' Er wurde als Junge lange Zeit in Mädchenkleider gesteckt wie seine ältere Schwester, die er zeitlebens hasste. Sein Vater, der der dominanten Mutter unterlegen war, beging Selbstmord. Der Biograph vermutet, Hemingway habe zeitlebens gefürchtet, kein ganzer Mann zu sein. Starke Männer konnten neben ihm nicht bestehen. Oft forderte er ‚Rivalen' zum Boxkampf heraus und konnte dabei brutal zuschlagen."

Ausdrucksform der ACHT ist ein hohes Maß an Durchsetzungskraft für ihre Meinungen, Ideen und Vorstellungen. Wer sich der ACHT dabei in den Weg stellt, läuft Gefahr, einfach überrannt zu werden. Dies ist ein Teil ihrer enormen Fähigkeit, Hindernisse jedweder Art aus dem Weg zu räumen. Die ACHT ist sich dabei ihrer Meinungen und ihrer Vorstellungen derartig sicher, dass sie abweichende Meinungen und Argumente nicht mehr zur Kenntnis nimmt. Rechthaberisch behauptet sie sich dabei auf Kosten ihrer Mitmenschen und nicht selten erniedrigt sie diese mit ihrer Macht.

Unter Stress gerät die ACHT, wenn es ihr mit Aggressivität und Angriffslust nicht gelingt, die Hindernisse, welche sich ihr in den Weg stellen, zu überwinden. Noch kritischer wird es für sie, wenn sie sich von Menschen, die sie für Freunde hielt, hintergangen oder menschlich enttäuscht fühlt.

Verwechseln kann man das Verhalten des Musters ACHT mit der wagemutigen SECHS. In ihrem Verhalten sind beide Muster tatsächlich nur schwer zu unterscheiden. Dazu muss man schon auf die Interessenstruktur zurückgehen. Die Aggression der SECHS kommt aus der Kopfenergie und ist Ausdruck ihrer Angst, der sie zuvorkommen will. Die Aggression der ACHT entsteht im Bauch und richtet sich gegen alles, was die ACHT als Unaufrichtigkeit und Ungerechtigkeit empfindet. Auch mit dem Muster SIEBEN kann man das Verhalten der ACHT verwechseln. Wie auch die SIEBEN gehört die ACHT bei Feiern zu denen, die als letzte ins Bett gehen. Dabei genießt die SIEBEN, um Schmerz zu vermeiden. Die ACHT feiert, weil das nun mal zum prallen Leben gehört.

Das **gesunde Selbstwertgefühl** der ACHT drückt sich in der Formel „Ich bin ein starker und selbstbewusster Mensch" aus.

Die **entwickelte ACHT** ist entscheidungsfreudig und selbstbewusst. Sie setzt ihre Durchsetzungskraft für die Gemeinschaft ein, in der sie lebt. Sie nutzt ihre Macht konstruktiv, indem sie für die Menschen ihrer Umgebung eintritt, ihnen Schutz bietet und sich auch bei lohnenden Anlässen als Sponsor und Förderer betätigt. Sie ist die geborene Führernatur und erfreut sich des Respekts und der Hochachtung ihrer Mitmenschen. Sie hat es gelernt, Gnade vor Recht ergehen zu lassen.

Die **normale ACHT** ist überwiegend am eigenen Wohl interessiert und benutzt ihre Stärke und Macht zur Durchsetzung ihrer eigenen Interessen. Unabhängigkeit, auch in finanziellen Angelegenheiten, ist für sie lebenswichtig. Sie ist abenteuerlustig, verwegen und aufgeschlossen für riskante Unternehmungen auch im Geschäftsleben. Sie möchte ihre Umgebung vollkommen kontrollieren und ist dabei herrisch, aggressiv und expansiv. Sie drängt allem ihren Willen und ihre Ansichten auf, schikaniert ihre Mitmenschen wie Sklaven, ist stolz und anmaßend. Drohungen und Einschüchterungen setzt sie ein, um sich ihre Mitmenschen gefügig zu machen. Damit gelingt es der normalen ACHT leicht, ihre Mitmenschen gegen sich aufzubringen, so dass sie beginnen, sie abzulehnen und sogar zu hassen.

Die **gestörte ACHT** will um wirklich jeden Preis ihre Macht erhalten. So wird die ACHT unter Stress vollkommen hemmungslos bis hin zur Gewalttätigkeit, verhält sich unsittlich und unmoralisch, wird hartherzig und unbarmherzig gegenüber den Mitmenschen mit deren Gefühlen und Ängsten. Sie kann dabei größenwahnsinnig werden und sich für allmächtig, unschlagbar und unverwundbar halten. Unter Umständen zerstört sie dabei blindwütig alles, was sich ihr in den Weg stellt. Ihr Verhalten wird grausam und barbarisch.

Bei der **ACHT mit Flügel SIEBEN** verstärken sich die Charaktermuster und erzeugen eine sehr aggressive Persönlichkeitsstruktur. Der Umgang mit diesem Subtyp ist besonders schwierig, da hier die Machtgier der ACHT mit der Sucht der SIEBEN, Erfahrungen und Besitz anzuhäufen, zusammentrifft. Gesunde Menschen dieses Subtyps übernehmen immer die Initiative, sowohl in privaten wie auch in geschäftlichen Angelegenheiten. Sie sind handlungsorientiert, energiegeladen und außenorientiert. Das Charisma der gesunden ACHT verbindet sich hier mit der Lebensfreude der gesunden SIEBEN. Beim normalen Subtyp verstärken sich das Streben nach Macht und Besitz gegenseitig. Er hat einen gut entwickelten Geschäftssinn und ist extrovertiert; ein robuster, geerdeter und materialistisch eingestellter Mensch. Er hat die Neigung, die Beziehungen zu anderen Menschen zu dominieren, und ist dabei egozentrisch und habgierig. Bei gestörten Menschen dieses Subtyps verbindet sich Rücksichtslosigkeit mit Impulsivität. Sie sind tyrannisch, verbal und körperlich brutal und greifen jeden an, der sich ihrem Willen widersetzt. Mit ihrem überschäumenden Temperament geraten sie oft in Wut. Leicht verlieren sie die Kontrolle, wenn sie Angst haben oder sich bedroht fühlen.

Die Charaktereigenschaften der **ACHT mit Flügel NEUN** stehen in einem gewissen Spannungsverhältnis zueinander. Je nach Ausprägung des Flügels ist dieser Subtyp mehr auf Menschen und weniger auf Besitz orientiert; auch kann er sich weniger gut durchsetzen. Insgesamt tritt seine Aggressivität durch den Einfluss des Musters NEUN weniger stark in Erscheinung. Er strahlt eher ruhige Kraft aus. Gesunde Menschen dieses Subtyps können besser mit Menschen umgehen. Sie wirken offener für Angelegenheiten, die über ihr Eigeninteresse hinausgehen. Häufig sind sie freundliche und gütige Vatergestalten, die ihren starken Willen mit sanfteren Umgangsformen verbinden. Bei normalen Persönlichkeiten dieses Subtyps zeigt sich eine Spaltung zwischen der aggressiven Seite, welche sie der Öffentlichkeit präsentieren, und der anpassungsfähigen, welche sie im privaten Rahmen zeigen. Beim gestörten Subtyp verbindet sich die Rücksichtslosigkeit der gestörten ACHT mit der Gleichgültigkeit der gestörten NEUN. Die gestörte ACHT mit Flügel NEUN ist weniger destruktiv und gewalttätig, wenn aber, dann auch ohne jede Gewissensbisse oder persönliche Regung. Gegen Angst ist sie nahezu unempfindlich.

Die **Integrationslinie** der ACHT und damit die empfohlene Entwicklungsrichtung ist das gesunde Verhalten des Musters ZWEI. Auf diesem Weg überwindet die ACHT ihre Veranlagung, die Durchsetzungskraft nur für Eigeninteressen einzusetzen. Es gelingt ihr, Macht und Stärke für die Gemeinschaft zu aktivieren, in der sie lebt. Dafür findet sie Respekt und Anerkennung bei den Menschen ihrer Umgebung. Sie wird großmütig, fürsorglich und hilfsbereit und unterstützt die Bedürfnisse ihrer Mitmenschen. Sie lernt, sich einzufühlen und Mitleid zu empfinden, und überwindet den Hang, ihre Mitmenschen zu beherrschen.

Die **Desintegrationslinie** der ACHT zeigt zur FÜNF. Unter Stress entwickelt sich die ACHT hin zum gestörten Verhalten der FÜNF. Durch ihre Herrschsucht hat sie sich so viele Menschen zu Feinden gemacht, dass ihre Fähigkeit zur Durchsetzung ihres Willens immer mehr abnimmt. Immer mehr Menschen ihrer Umgebung hassen sie; ihre Macht zerbröckelt allmählich. Daher wird sie von heftigen Ängsten befallen und isoliert sich immer mehr. Sie fürchtet die Rache derer, die sie erniedrigt, eingeschüchtert und gedemütigt hat.

Ursprünge in der Kindheit: Die ACHT hat eine ambivalente Einstellung zur Mutter oder Mutterfigur. Ihr wichtigster Erfolgsfaktor war ihr Erfolg bei der Durchsetzung ihres Willens gegenüber der Mutter. Als Kind hat die ACHT vielleicht erlebt, dass sie unterdrückt und herumgestoßen wurde. Vielleicht ist sie in einer Gegend aufgewachsen, in der sie es sich nicht leisten konnte, Schwäche zu zeigen, beispielsweise in einem Armenviertel. Oder ihre Eltern haben

Stärke belohnt. So hat sie ihre Philosophie entwickelt: „Lass dir nichts gefallen! Schlage zurück! Zeige den anderen, wer das Sagen hat!" ROHR / EBERT schreibt dazu: *„ACHTer haben das Gefühl entwickelt, dass die Starken die Welt beherrschen und die Schwachen den Kürzeren ziehen; deshalb haben sie beschlossen, nicht brav zu sein, sich nicht anzupassen, sondern Stärke zu entwickeln, Widerstand zu leisten, Regeln zu brechen und lieber andere herumzukommandieren als sich selbst herumkommandieren zu lassen. Einige ACHTer entwickelten ihre Haltung auch als Gegenreaktion gegen zu weiche, liberale und nachgiebige Eltern. Sie wollen testen, was sie noch alles anstellen müssen, um endlich einmal eine Konfrontation zu erleben."*

Das **Dilemma** der ACHT besteht darin, dass sie durch ihr Verhalten gerade das erzeugt, was sie am meisten fürchtet: den Verlust ihrer Autonomie. Ihrem rücksichtslosen Tun wird irgendwann unweigerlich Einhalt geboten: entweder durch die Gesellschaft und deren Rechtsnormen oder durch ihre vielen Feinde oder, wie wir in unserer typischen Geschichte weiter unten sehen werden, durch biologischen Ablauf. In ihren gestörten Stufen ist die ACHT immer mehr darauf angewiesen, dass andere ihre Befehle ausführen. Sie ist schließlich nicht mehr unabhängig und selbständig, sondern lebt in ständiger Furcht vor Vergeltung und Strafe.

Der **Hauptabwehrmechanismus** der ACHT ist Verleugnung. Sie leugnet alles, was nicht in ihr Konzept von Wahrheit und Gerechtigkeit hineinpasst. Es ist aber immer ihre eigene, subjektive Wahrheit und Gerechtigkeit mit dem Anspruch auf Objektivität. In erster Linie wird sie ihre eigenen Schwächen und die Grenzen ihrer Macht leugnen und verdrängen.

Zusammenfassend stellen wir das Muster ACHT in seinen neun **Entwicklungsstufen** jeweils in Kurzform vor. Die Spannweite der Untertypen reicht vom charismatischen Anführer bis hin zum Diktator. In der entwickelten Ausprägung ist der Subtyp entscheidungsstark, durchsetzungskräftig und überzeugend. Als Machtmensch wirkt er eigensinnig, kämpferisch und er schüchtert seine Mitmenschen ein. In der gestörten Variante ist er rücksichtslos, rachsüchtig und gewalttätig. Das geht hin bis zum Größenwahn und zu brutaler Zerstörungswut.

Die neun Entwicklungsstufen dieses Grundmusters

Entwickelte ACHT – Stufe 1: Der großmütige Held

Auf dieser Stufe hat die ACHT ihre Tendenz zum Durchsetzen besiegt. Sie wird zum geduldigen Menschen, der großmütige, echte Autorität und nicht Herrschsucht ausstrahlt. Der großmütige Held stellt sich in den Dienst der Gemeinschaft und bietet ihr Führung, Sicherheit und Schutz.

Entwickelte ACHT – Stufe 2: Der Durchsetzungsstarke

Er lebt mit einem Gefühl der inneren Festigkeit und strahlt Stärke sowie Selbstvertrauen aus. Er weiß um seine Fähigkeit, Hindernisse zu überwinden, und um seine Willenskraft, jeden Widerstand zu brechen und allem Druck zu widerstehen.

Entwickelte ACHT – Stufe 3: Der konstruktive Anführer

Er besitzt persönliche Autorität, setzt sich hohe Ziele und benutzt seine Stärke, um mit jeder Herausforderung fertig zu werden. Die Menschen seiner Umgebung glauben an ihn, blicken zu ihm auf und vertrauen ihm.

Normale ACHT – Stufe 4: Der unternehmungslustige Abenteurer

Er setzt das aggressive Element seiner Durchsetzungskraft zur Befriedigung seiner persönlichen Interessen ein. Er ist ein Abenteurer und Unternehmer, interessiert an seinen finanziellen Interessen oder der Erreichung seiner ganz persönlichen Ziele. Häufig ist er Geschäftsmann, Industrieller oder Finanzier.

Normale ACHT – Stufe 5: Der dominante Machtmensch

Er ist wie ein gesundes Tier, das mehr frisst, als andere Tiere – und dann größer wird und noch mehr frisst, sich breit macht und die Umgebung dominiert, indem es immer mehr Raum für sich in Anspruch nimmt. Er möchte sich und sein Ego überall hin ausstrahlen lassen. Der typische Revierbesitzer.

Normale ACHT – Stufe 6: Der feindselige Kämpfer

Er treibt es nun immer bunter, sucht Konfrontationen, wo es nur geht, will immer Sieger sein, immer der Überlegene mit dem stärkeren Willen.

Feindseligkeit fließt in alle seine Beziehungen ein. Immer müssen die anderen den Rückzieher machen. Er würde das nie tun. Er wird zum Grobian, der seine Mitmenschen herumkommandiert und Zornesausbrüche bekommt, wenn seine Anordnungen nicht sofort ausgeführt werden.

Gestörte ACHT – Stufe 7: Der rücksichtslose Tyrann

Er ist vollkommen hemmungslos, machtbesessen und tyrannisch. Er unterdrückt andere Menschen, nimmt ihnen ihre Rechte, ihre Freiheit, ihre Würde.

Gestörte ACHT – Stufe 8: Der Größenwahnsinnige

Er wird größenwahnsinnig, fühlt sich allmächtig und unverletzlich – gottgleich im eigenen Machtbereich. Er hält sich für einen Übermenschen, der jenseits der Moral steht und alles tun kann, was ihm beliebt.

Gestörte ACHT – Stufe 9: Der gewalttätige Zerstörer

Er ist nun der destruktivste und unsozialste aller Muster. Die dunkle Seite der Macht zeigt die Bereitschaft zur Zerstörung, wenn sich die Welt seinem Willen nicht unterwirft. Er wird geradezu barbarisch destruktiv.

Kapitel B9: Zum Nachschlagen – Der Schiedsrichter

Bei Rita Ruhe ist das Handeln blockiert; dies bedeutet, dass ihre Fähigkeit zum angemessenen Handeln durch Passivität und Entscheidungsschwäche stark eingeschränkt ist.

Das **Grundmuster NEUN** ist harmonieorientiert und hier stellvertretend mit dem Begriff ‚Der Schiedsrichter' bezeichnet. Wir haben dem Muster den Namen ‚Rita Ruhe' gegeben. Im System der komplementären Wahrnehmungs- und Verhaltensmuster erschließt sich uns die NEUN entlang der Linie Kooperation/ Wettbewerb. Friedfertigkeit ist ihr Markenzeichen. Alles, was mit Aggressivität zu tun hat – also beispielsweise Auseinandersetzungen oder

Konflikte – macht ihr Angst und wird verdrängt. Das Muster NEUN reagiert auf alle Situationen des Lebens mit Kooperation beziehungsweise Friedfertigkeit. Es verhält sich genau gegensätzlich zum Muster ACHT, das sich immer wettbewerbsorientiert verhält. Wie wir in HINZ zeigen,[10] sind beide Strategien nicht in der Lage, angemessen mit den komplexen Situationen des Lebens umzugehen. Die normale ACHT erleidet Potentialverluste, während die NEUN dazu herausfordert, ausgenutzt zu werden. Neben dem Schiedsrichter und Friedenstifter finden wir in diesem Muster auch den Gelassenen, aber auch den Passiven und in seiner gestörten Form auch den Nachlässigen und den Desintegrierten wieder.

Der eigene Wille der NEUN ist mehr oder weniger schwach ausgeprägt. Sie passt sich den Menschen ihrer Umgebung an und wirkt bequem und träge. Ausgeprägt ist ihr Bemühen, die Erwartungen ihrer Mitmenschen zu erfüllen. Daher ist sie auch ein guter Integrator. Sie ist ausgleichend, dabei aber auch passiv und antriebsschwach.

Die NEUN hat im Enneagramm am Scheitelpunkt der Neunerfigur eine exponierte Stellung. Sie repräsentiert den ursprünglichen und natürlichen Menschen, wie er uns heute noch in den archaischen Kulturen, aber auch in Gegenden, welche von der Zivilisation noch nicht so stark berührt sind, in signifikanter Häufung begegnet. Das Muster NEUN versucht, sich den ‚Errungenschaften' der westlichen Wohlstandsgesellschaften wie Zeitdruck, Konkurrenzkampf oder Karrierestreben weitgehend zu entziehen. Seine Verhaltensweisen, die einer inneren Antriebs- und Entscheidungsschwäche entstammen, werden äußerlich als Passivität und Trägheit wahrgenommen.

Die normale NEUN muss man einfach gernhaben. Sie wird von ihren Mitmenschen als lieb, anpassungsfähig, friedfertig, umgänglich, bedürfnislos, pflegeleicht, freundlich und harmonisch erlebt. Das hat für die NEUN aber auch einen Preis, denn es geht zu Lasten ihrer eigenen Identität. Die NEUN bezieht ihr Selbstwertgefühl daraus, sich mit ihren Mitmenschen zu identifizieren, durch sie und deren Wahrnehmung die Welt zu erleben und damit keine eigene Beziehung zur Welt aufzubauen. Es ist ein Leben aus zweiter Hand, in einer Idealwelt, in der sie voll Harmonie ungestört und friedfertig dahinträumen kann. Sie macht die Interessen anderer Menschen zu ihren eigenen.

Sie schwimmt gern mit dem Strom, zieht den Weg des geringsten Widerstandes vor, vermeidet es, die Aufmerksamkeit auf sich zu ziehen oder aufzufallen.

---

[10] Siehe Hinz, Prozessorientiert FÜHREN.

Sobald sie einen Freiraum zur Selbstentfaltung hat, besteht das Risiko, dass nichts geschieht. Damit kann sie ihre Mitmenschen zur Weißglut treiben. Wenn kein äußerer Druck da ist, tut sie gar nichts. Wenn der äußere Druck zu groß wird, wartet sie einfach ab. Oder sie betäubt sich mit hyperaktiver Beschäftigung, meist ohne Ziel und Zweck. Sie beschäftigt sich mit Nebensächlichkeiten, um das Wichtige und Notwendige nicht tun zu müssen. Sie meidet Konflikte, sucht Harmonie und Frieden um jeden Preis. Dazu beschönigt sie Schwierigkeiten und leugnet reale Probleme, um sich mit diesen nicht auseinandersetzen zu müssen. Manchmal betäubt sie sich mit Alkohol, Tabletten, übermäßigem Fernsehen, mit Scheinaktivitäten, mit innerem Rückzug oder mit der Entwertung ihrer Bedeutung, wenn sich Konflikte auftun. Daneben hat die NEUN noch weitere Möglichkeiten, Konflikte zu vermeiden: Sie ignoriert sie mit einer konsequenten Sturheit, sie sitzt sie aus oder setzt sich von ihnen ab.

Aber dieses geradezu zwanghafte Harmoniebedürfnis und diese Beschwichtigungsversuche haben ihren Preis. In ihr staut sich ein innerer Zorn an, der zu allerdings seltenen aber heftigen Wutausbrüchen führen kann. Diese verblüffen dann die Menschen ihrer Umgebung, da man der friedliebenden NEUN so etwas gar nicht zutraut.

In einer Beziehung wird die NEUN häufig zwischen ihrem symbiotischen Wunsch nach Vereinigung sowie dem tiefsitzenden Autonomiebedürfnis hin- und hergerissen. Es dauert sehr lange, bis die NEUN alle Vorbehalte aufgibt. Dann aber fällt es ihr sehr schwer, eine bestehende Beziehung wieder aufzugeben. Wie bereits dargestellt fällt es der NEUN schwer, Entscheidungen zu treffen. Wenn sie sich aber einmal zu einem Entschluss durchgerungen hat, dann setzt sie ihn auch konsequent – notfalls auch gegen Widerstände – in die Tat um.

Die konstruktive Seite ihres Harmoniestrebens ist, dass die NEUN ein guter Vermittler und Moderator ist. Sie ist fähig, beide Seiten einer Verhandlung mit der jeweiligen Interessenstruktur intuitiv zu verstehen und interessengerechte Lösungen zu erarbeiten. Sie erweckt Vertrauen und entwaffnet mit ihrer friedlichen Ausstrahlung manche Konfliktpartei.

Das **gesunde Selbstwertgefühl** der NEUN finden wir in ihrer Aussage über sich selbst: „Ich bin ein friedliebender, unbekümmerter Mensch."

Die **entwickelte NEUN** hat ihren Hang zur Selbstaufgabe überwunden und ein angemessenes Selbstwertgefühl entwickelt. Sie fühlt sich autonom und wirkt zufrieden und ausgeglichen. Dabei hat sie sich die Empfänglichkeit für die Bedürfnisse ihrer Mitmenschen bewahrt, ist aufgeschlossen, emotional stabil und friedfertig. Sie strahlt Ruhe und Gelassenheit aus, so dass sich andere Menschen in ihrer Nähe wohlfühlen und ihre harmonische Ausstrahlung direkt fühlen können. Sie ist ein guter Vermittler und eine Integrationsfigur, sorgt für Harmonie in ihrem Umfeld und gibt ihren Mitmenschen Unterstützung und Halt.

Die **normale NEUN** ist zurückhaltend und passt sich unter Aufgabe ihrer eigenen Bedürfnisse ihren Mitmenschen zu sehr an. Dabei versucht sie, die traditionellen Rollen und Erwartungen zu erfüllen, ordnet sich dazu anderen Menschen unter und idealisiert sie. Aus ihrer konservativen Grundhaltung heraus fürchtet sie sich vor Störungen, Veränderungen oder auch äußerlichem Druck. Sie wird passiv und träge, geht jeder Auseinandersetzung und jedem Wettbewerb aus dem Wege und kehrt auftretende Probleme und Konflikte unter den Teppich. Wenn sich diese dann auswachsen, und ungelöste Probleme und Konflikte haben nun einmal eine Tendenz zum Wachstum, versucht sie zu verharmlosen, schönzureden oder auszusitzen. Sie sucht Harmonie und Frieden um jeden Preis, wirkt dabei aber entscheidungsschwach und fatalistisch.

Die **gestörte NEUN** unterdrückt alle auftretenden Probleme und Konflikte und wird vollständig handlungsunfähig. Sie steht dem Leben hilflos gegenüber, wird verantwortungslos und verwahrlost regelrecht. Sie ist darauf angewiesen, dass ihr jemand ihre Probleme löst. Andernfalls wird sie völlig desorientiert, neigt zum Masochismus und erlebt den Zerfall ihrer Persönlichkeit. Am Ende dieser Entwicklung steht oft ein emotionaler Zusammenbruch und eine Aufspaltung der Persönlichkeit in einzelne Teile.

Bei der **NEUN mit Flügel ACHT** stehen die Charakterzüge in einem deutlich erkennbaren Gegensatz zueinander. Das Muster NEUN ist konsensorientiert und möchte in Harmonie mit den Mitmenschen leben, während das Muster ACHT wettbewerbsorientiert ist und die Beziehungen zu den Mitmenschen beherrschen will. Daher ist dieser Subtyp auch voller Widersprüche. Er ist einerseits stark auf die Menschen in seiner Umgebung fixiert, dabei empfänglich für deren Bedürfnisse, unbekümmert und passiv; andererseits ist er auch in der Lage, Initiative zu ergreifen und sich durchzusetzen. Entwickelte Persönlichkeiten dieses Subtyps verbinden Gelassenheit mit innerer Stärke und Willenskraft, Liebenswürdigkeit und Aufgeschlossenheit für ihre Mitmenschen mit Durchsetzungskraft. Sie wirken in sich ruhend und gutmütig, sinnlich und stark. Normale Persönlichkeiten dieses Subtyps wirken friedfertig, können aber gelegentlich auch recht aggressiv werden. Sie können in manchen Bereichen ihres Lebens nachlässig sein, in anderen wieder sehr ehrgeizig. Sie wirken gutmütig und sind häufig intellektuell nicht sonderlich begabt. Sie sind sehr auf materiellen Wohlstand ausgerichtet und auch streitsüchtig, wenn ihr Lebensstil, ihre Überzeugungen oder ihre Familie angegriffen werden. Nach einer Krise sind sie aber auch schnell wieder bereit, Frieden zu schließen. Gestörte Persönlichkeiten dieses Subtyps können manchmal zu Gewalttätigkeit neigen, ohne sich um den angerichteten Schaden zu kümmern. Eifersüchtig hüten sie ihre Familie. Dabei können sie impulsiv und auch aggressiv reagieren.

Bei der **NEUN mit Flügel EINS** verstärken sich viele Charakterzüge der Muster NEUN und EINS gegenseitig. Beide Muster unterdrücken ihre Gefühle: die NEUN der Harmonie mit ihren Mitmenschen wegen und die EINS zur Aufrechterhaltung ihrer Selbstbeherrschung. Obwohl es auch bei diesem Subtyp Momente von Wutausbrüchen oder moralischer Entrüstung geben kann, wirken diese Persönlichkeiten kontrollierter und ausgeglichener als der andere Subtyp. Entwickelte NEUNer dieses Subtyps sind integer und werden von hohen moralischen Wertvorstellungen angetrieben. Sie bemühen sich um faire und ausgewogene Urteile, teilen ihre Erkenntnisse gern mit und sind gute Lehrer und Vorbilder. Die intellektuelle Komponente der EINS gleicht bei ihnen die Tendenz der NEUN zur Passivität aus. Normale Persönlichkeiten dieses Subtyps weisen eine Tendenz zu Idealisierung und Weltverbesserung auf. Sie vertreten häufig traditionelle Werte, sind ordentlich und leben sehr kontrolliert. Sie neigen dazu, Streitereien und Konflikte zu vermeiden, lassen sich aber auch schon mal reizen und werden dann ärgerlich und bösartig. Sie Rationalisieren, Moralisieren und Idealisieren sich gern ihre Welt. Gestörte Persönlichkeiten dieses Subtyps sind nachtragend und rachsüchtig. Sie neigen manchmal zu impulsiven Wutausbrüchen und handeln mit einer Willkür, die dem sonstigen Verhalten des Musters NEUN nicht entspricht.

Die **Integrationslinie** der NEUN zeigt auf das entwickelte Verhalten des Musters DREI. Auf dem Weg zur integrierten Persönlichkeit wird die NEUN selbstsicherer und aktiver. Sie lernt, dass das Leben aus einem Spannungsfeld unterschiedlicher Interessen besteht und dass es sich auch in Auseinandersetzungen und Konflikten ausdrückt. Sie lässt sich auf dieses Spannungsfeld ein und gewinnt so an Vitalität und Lebensfreude. Damit stärkt sie ihr Selbstvertrauen und übernimmt selbst die Verantwortung für ihre Entscheidungen und Handlungen. Dabei bleibt sie empfänglich für die Nöte und Bedürfnisse ihrer Mitmenschen, allerdings jetzt aus einer Position der Aufgeschlossenheit, der Anteilnahme und der Gelassenheit. Die entwickelte NEUN ist bei sich selbst angekommen und daher zu tiefen partnerschaftlichen Beziehungen fähig. Ihre

Mitmenschen vertrauen ihr; die optimistische und gelassene Ausstrahlung der entwickelten NEUN hilft anderen Menschen, selbst zur Ruhe zu kommen und wirkliche Harmonie und Frieden zu finden. Die NEUN auf dem Weg zur Integration kann sich durchsetzen, ohne aggressiv zu sein oder Beziehungen zu gefährden. Sie hat ihren inneren Frieden gefunden und kann so für ihre Umgebung zum anerkannten Friedenstifter werden.

Die **Desintegrationslinie** der NEUN zeigt zum gestörten Verhalten der SECHS, die unsicher, krankhaft abhängig, sehr ängstlich reagiert, sich unterlegen fühlt, auf Bedrohungen überreagiert und eine Tendenz zur Selbstzerstörung aufweist. Auf dem Weg zur Desintegration wird die NEUN zu einer hysterischen, furchtsamen, unruhigen und schreckhaften Persönlichkeit. Ihre Passivität und Antriebslosigkeit führt zu einem Gefühl der Lähmung; Selbstzweifel und Unterlegenheitsgefühl verstärken sich. Ihre Passivität kann in Hyperaktionismus umschlagen, ihre unbekümmerte Zufriedenheit in Angst und Schreckhaftigkeit. Ihre Kommunikation bekommt einen misstrauischen und lauernden Unterton. Sie sucht Sicherheit bei anderen Personen, sucht nach Autoritäten, die ihr Entscheidungen abnehmen. Sie macht sich von diesen Autoritäten abhängig, übernimmt deren Meinungen und Vorstellungen kritiklos. Auf diesem Wege nimmt ihre Selbstachtung weiter ab; sie wird depressiv und entwickelt masochistische Züge.

Ursprünge in der Kindheit: Als Kind hat sich die NEUN mit ihrem Vater und ihrer Mutter identifiziert. Ihre emotionalen Bedürfnisse sind eben durch diese Identifikation so vollständig erfüllt worden, dass sie keinen Drang verspürte, sich von ihren Eltern zu unterscheiden. Typisch ist eine idyllische und glückliche Kindheit in den Jahren, als sich ihre Persönlichkeit formte, also in den ersten zwei bis vier Jahren. Später mag es dann auch Schicksalsschläge gegeben haben, aber da war die Persönlichkeit schon ausgebildet. Manche NEUNer berichten, dass sie ignoriert oder zurückgewiesen wurden, wenn sie eine eigene Meinung äußerten. Andere befanden sich als Kinder in schwierigen familiären Situationen, in denen sie zwischen den Fronten balancieren und ausgleichen mussten, um nicht zwischen die Mühlsteine zu geraten. Wieder andere sind so verwöhnt worden, dass sie bereits in früher Kindheit träge und bequem geworden sind.

Das **Dilemma** der NEUN besteht darin, dass sie Ruhe und Frieden, nach denen sie sich so sehr sehnt, in der Außenwelt und bei anderen Menschen sucht, statt sie in ihrem eigenen Inneren zu entdecken. So nimmt sie das Risiko auf sich, dass sie sich von ihrem Grundbedürfnis – der Harmonie und der Einheit mit ihren Mitmenschen – entfernt und ihre Grundangst – der Trennung von den

Menschen, die sie liebt – verstärkt. Erst wenn sie sich dem Spannungsfeld ihrer Umgebung mit seinen Auseinandersetzungen und natürlichen Interessenkonflikten stellt, kann sie inneren Frieden, angemessene Selbstachtung und wirkliche Gelassenheit finden und damit ihr Dilemma auflösen.

Die **Hauptabwehrmechanismen** der NEUN sind Verdrängung, Verleugnung und Betäubung. Auftretende Probleme und Konflikte werden von ihr verdrängt, indem sie diese unter den Teppich kehrt und die weitere Entwicklung abwartet oder stur aussitzt. Sie kann Probleme aber auch schlicht leugnen, indem sie diese schönredet oder gar idealisiert. Wenn die vielen Anforderungen, welche das Leben an sie stellt, übermächtig werden, flieht die NEUN in die Betäubung. Sie greift nach Alkohol oder Drogen oder sie kann plötzlich mitten am Tag einschlafen und sich so den Anforderungen der Außenwelt entziehen.

Zusammenfassend stellen wir das Muster NEUN in seinen neun **Entwicklungsstufen** jeweils in Kurzform vor. Die Spannweite der Untertypen reicht vom Friedenstifter bis zum Desintegrierten. In der entwickelten Ausprägung wirkt er optimistisch, beruhigend, gutmütig, geduldig und bescheiden. Der normale Typus ist passiv und lässig, bis hin zu fatalistisch und resigniert. Die gestörte Variante wird desorientiert und handlungsunfähig.

Die neun Entwicklungsstufen dieses Grundmusters

Entwickelte NEUN – Stufe 1: Der in sich ruhende Mensch

Auf dieser Stufe ist die NEUN mit sich und der Welt in Harmonie. Sie hat die Furcht überwunden, von anderen getrennt zu sein, und wird damit autonom. Sie erfreut sich tiefer innerer Zufriedenheit und Gelassenheit. Sie erreicht den Frieden, den sie immer gesucht hat, weil sie wirklich bei sich selbst angekommen ist.

Entwickelte NEUN – Stufe 2: Der empfängliche Mensch

Er verfügt über eine hohe Toleranz gegenüber Stress und Störungen, ist geduldig, unerschütterlich, ausgeglichen und ruhig. Er kann sich mit anderen identifizieren und sich den Menschen ganz hingeben, die in seinem Leben eine zentrale Rolle spielen. Er wird damit zum sicheren Hafen, in dem andere Trost, Ruhe und Geborgenheit finden.

Entwickelte NEUN – Stufe 3: Der gutherzige Friedenstifter

Er tut alles, um Frieden zu stiften und Streit sowie Konflikte zwischen den Menschen seiner Umgebung zu schlichten. Überall sieht er die vorhandenen Übereinstimmungen und Gemeinsamkeiten und bemüht sich um Versöhnung.

Normale NEUN – Stufe 4: Der Angepasste

Er glaubt, seine Rolle im Leben bestehe darin, anderen Menschen Erfüllung zu geben, nicht aber sich selbst. Da er zu sehr fürchtet, sich durchzusetzen, wird er zu bescheiden und angepasst. Er wird wie eine Mutter, die nur für ihre Kinder lebt, oder wie eine Ehefrau, die sich für ihren Mann aufopfert.

Normale NEUN – Stufe 5: Der passiv-gleichgültige Mensch

Er fürchtet sich vor jeder Veränderung und bemüht sich nach Kräften, den Status quo beizubehalten. Am liebsten hat er es, wenn alles von selbst seinen geregelten Gang geht, ohne dass er selbst eingreifen und handeln muss.

Normale NEUN – Stufe 6: Der resignierte Fatalist

Wenn Nichtstun nicht möglich ist, versucht er, die Bedeutung der Probleme zu verharmlosen. Er unterschätzt den Ernst der Konsequenzen seiner Passivität. Seine gesunde Empfänglichkeit und sein Gleichmut sind auf dieser Stufe zur Resignation geworden. Er hat seine Persönlichkeit aufgegeben.

Gestörte NEUN – Stufe 7: Der Nachlässige

Er verweigert die Auseinandersetzung mit Problemen und Konflikten. Er tut nichts und will auch nichts tun – selbst wenn es einfach wäre. Dieser Mensch ist unzugänglich geworden. Sein passiver Widerstand ist sogar aggressiv und entlädt sich manchmal in Wutausbrüchen.

Gestörte NEUN – Stufe 8: Der gespaltene Mensch

Dieser Mensch verdrängt die Realität so stark, dass er sich nicht mehr mit ihr auseinandersetzen muss und dass sie sich ihm nicht mehr aufdrängt. Seine Angst vor der Angst wird so stark, dass er sich vollständig von der Realität abspaltet und eine Entpersonalisierung erfährt, sich also von seinem eigenen Selbst loslöst.

Gestörte NEUN – Stufe 9: Der Mensch, der sich aufgegeben hat

Es findet eine Desintegration der Persönlichkeit statt. Er flieht ganz und gar vor sich selbst, indem er in verschiedene Teile zerfällt (multiple Persönlichkeit). Er verlässt seine Persönlichkeit und lebt nur noch durch andere Menschen. Er ist zu seinem eigenen Gegenüber geworden.

Anhang

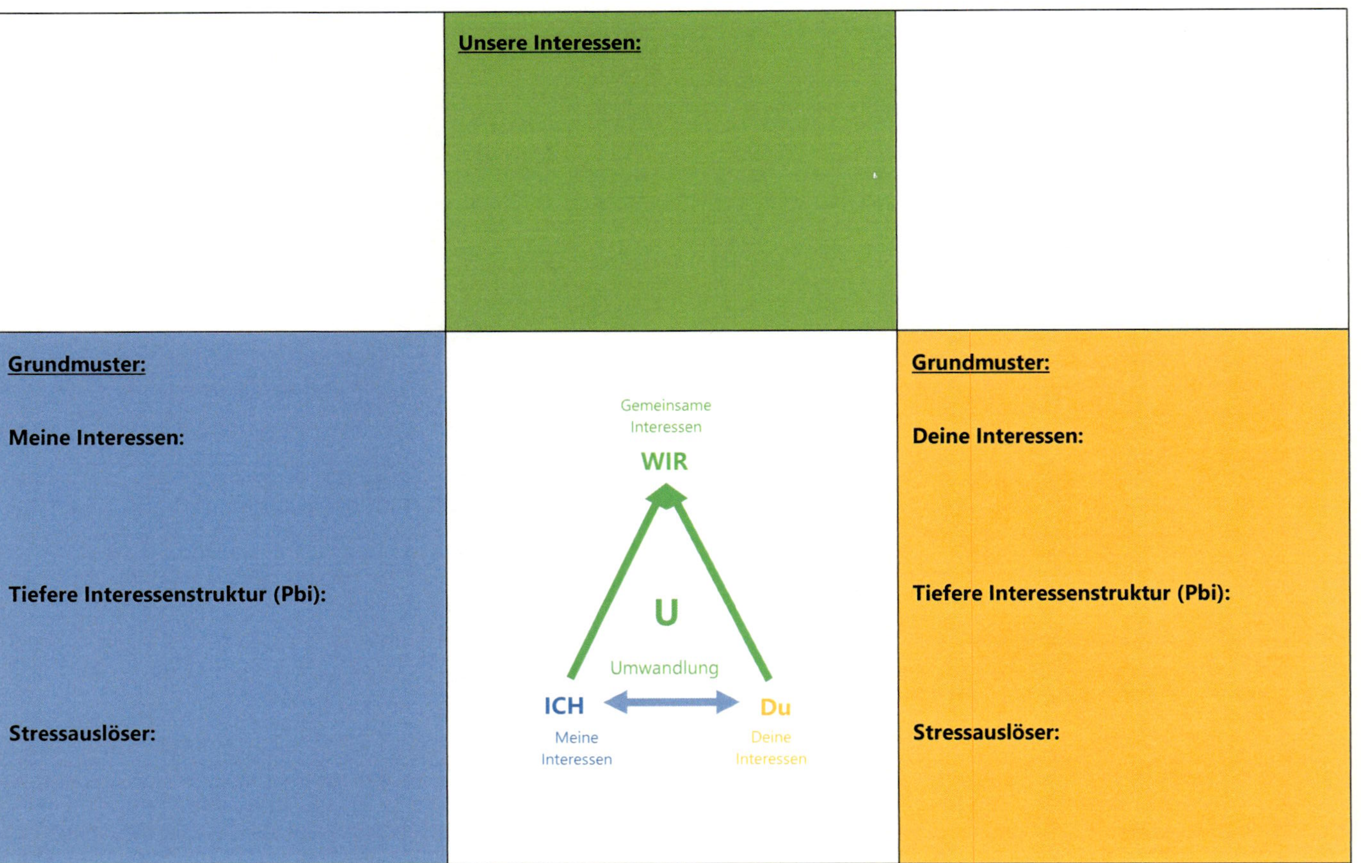
Unsere Interessen:
Grundmuster:
Meine Interessen:
Tiefere Interessenstruktur (Pbi):
Stressauslöser:
Gemeinsame Interessen
WIR
U
Umwandlung
ICH
Meine Interessen
Du
Deine Interessen
Grundmuster:
Deine Interessen:
Tiefere Interessenstruktur (Pbi):
Stressauslöser:

Die Autoren

Dr.-Ing. Dipl.-Math. Wolfgang Hinz

Wolfgang Hinz hat an der TU Hannover Mathematik mit Nebenfach Informatik studiert. An der TU Braunschweig promovierte er an der Fakultät für Maschinenbau. Mehr als 30 Jahre war er in unterschiedlichen Führungsaufgaben tätig. Er war Geschäftsführer bekannter deutscher Familienunternehmen, bevor er sich auf Sanierungsaufgaben konzentrierte. Im Krisenmanagement weist er mit zehn Mandaten umfangreiche Erfahrungen mit einer hohen Erfolgsquote auf.

In den Neunziger Jahren hat er sechs Bücher zur Personal- und Unternehmensentwicklung veröffentlicht. Sein siebtes Buch ‚Prozessorientiert FÜHREN' ist im Mai 2007 im Hanser Verlag erschienen. Wolfgang Hinz ist Gründer des PbI Instituts.

Michael Kirchhoff

Michael Kirchhoff hat Philosophie und Germanistik an der Philipps-Universität Marburg und der Universität Osnabrück studiert. Er hat Ausbildungen zum Typberater der Psychographie und zum Profile Dynamics Berater absolviert. Neben seinem Training bei der Paul Ekman Group in eMETT 3.0 und eSETT 3.0 hat er eine Ausbildung zum Mediator gemacht. Im September 2015 ist sein Buch „Machtspiele? Macht nichts!" erschienen.

Michael Kirchhoff ist Persönlichkeitsscout. Persönlichkeitsscout zu sein bedeutet für ihn zu allererst, Menschen zu befähigen, Zugang zueinander zu finden.

Das löst Missverständnisse auf, beugt Konflikten vor und überwindet Unterschiede. Seit 2004 coacht er andere Menschen. Dabei geht es immer darum, Herz und Kopf zusammenzubringen. Seine Überzeugung: Ein Kopf ohne Herz ist kalt und ein Herz ohne Kopf ist naiv. Er bildet beides ab – so passt es. Ein Persönlichkeitsscout muss verschiedene „Landkarten" der Persönlichkeiten haben. Er findet den Weg durch das Dickicht, damit seine Kunden wirklich ihr Ziel erreichen. Dabei geht es um Stärken- und Schwächenanalyse, Entwicklungsmöglichkeiten und Werte ebenso wie um die Art des Denkens, das Lesen von Emotionen und das Erkennen von Unstimmigkeiten.

Literatur

Baron, Renee / Wagele, Elizabeth: Das Enneagramm leichtgemacht, München 1996.

Ebert, Andreas: Erfahrungen mit dem Enneagramm, München 1999.

Goldberg, Michael: Die Persönlichkeitszahl im Beruf, München 1998.

Haecker, Jo von: Enneagramm, München 2003.

Hinz, Wolfgang: Soziale Kompetenz, Kinsau 1998.

Hinz, Wolfgang: Prozessorientiert FÜHREN, München 2007.

Maitri, Sandra: Neun Porträts der Seele, Bielefeld 2004.

Naranjo, Claudio: Erkenne Dich selbst im Enneagramm, München 1994.

Neidhardt, Hans / Gallen, Maria-Anne: Das Enneagramm unserer Beziehungen, Reinbek 1995.

Nesser, Hakan: Sein letzter Fall, München 2004.

Palmer, Helen: Das Enneagramm, München 1991.

Palmer, Helen: Das Enneagramm in Liebe und Arbeit, München 1995.

Palmer, Helen: Das kleine Enneagramm, München 1998.

Reifarth, Wilfried / Holz, Elisabeth: Das Enneagramm, Frankfurt a. M. 1997.

Riso, Don Richard: Die neun Typen der Persönlichkeit und das Enneagramm, München 1989.

Riso, Don Richard: Das Enneagramm-Handbuch, München 1993.

Riso, Don Richard / Hudson, Russ: Die Weisheit des Enneagramms, München 2000.

Rohr, Richard / Ebert, Andreas: Das Enneagramm, München 1995.

Rohr, Richard: Hoffnung und Achtsamkeit, Freiburg i. B. 2001.

Salmon, Eric: Das Motivations-Enneagramm, Freiburg i. B. 1998.

Schätzing, Frank: Der Schwarm, Köln 2004.

Schulz von Thun, Friedemann: Miteinander reden, 4 Bände, Reinbek 2014.

Stemmann, Peter/ Wenzel, Manfred: Enneagramm, Neuhausen 1999.